Jörg Fauser
»Ich habe eine Mordswut«
Briefe an die Eltern 1956 - 1987

Ausgewählt und herausgegeben von
Wolfgang Rüger & Maria Fauser

PARIA

Alle Rechte für diese Originalausgabe
© PARIA VERLAG, Dreieichstraße 50, 60594 Frankfurt/Main
Buchgestaltung: Stefan Hantel
Cover: Stefan Hantel & Markus Weisbeck
Gesetzt aus der Giltus
Herstellung: Fuldaer Verlagsanstalt
Frontispiz: Mittelteil des Tryptichons »On the Road« von Arthur Fauser
(190 x 130 cm, Öl/Leinwand, 1967/68)
ISBN 3-922952-25-9

1 2 3 4 5   97 96 95 94 93

Inhalt

Ausgewählte Briefe an die Eltern 1956 - 1987	11
Editorische Notiz	153
Glossar	154
Bio-Bibliographie	158
Personenregister	163

Frankfurt-Römerstadt, den 12.5.56

Lieber Papi!
Deine Karten sind sehr schön. Leider ist die Figur im Louvre nicht die richtige, aber sie ist trotzdem prima. Ich werde sie mir beide aufhängen. Ich lese gerade »Hannibal« von Mirko Jelusich. Die Karthager (Hannibal, sein Vater, Brüder usw.) werden verherrlicht, die Römer in schamlosester Weise heruntergemacht. Sie wären steif und hölzern und die Sprache wäre zischend und knatternd! Ich habe eine Mordswut. Am liebsten würde ich dem Schriftsteller schreiben! Zischend und knatternd! Da soll einem nicht der Hut hochgehen. Schließlich kenne ich Latein, was ich von dem Autor nicht behaupten will, denn sonst würde er nicht so dämlich schreiben!
Viele Grüße Dein Jörg!

Den 11.3.58

Lieber Papi!
Roma aeterna
Mami und ich haben schon tüchtig italienisch gelernt. Mami findet es ziemlich schwer. Ein Viertel der ersten Pappwand ist schon mit Karten bedeckt. Vor allem die Silberne glänzt und glitzert.

In der Zeitung steht, daß am Sonntagabend in Rom Schnee gefallen sei. Die Leute seien ganz verwundert und neugierig gewesen. Der Schnee wäre aber bald wieder weg gewesen. Und in der Kammer hätten sich Kommunisten und Christliche Demokraten wegen dem Bischof von Prato geprügelt.
Dann habe ich noch was tolles gelesen: der peruanische Innenminister hat mit einem Senator mit schweren Säbeln und auf Pferden ein Duell ausgetragen, wobei der Minister den Senator schwer verwundete und dann wütend davontrabte. Das Witzige dabei ist, daß gerade der Innenminister gegen Duelle und Duellisten vorgehen sollte.
So etwas ist halt in der DBR nicht möglich. Der Heizung geht es gut. Den »Rowdie aus den Alt-Stadt-Vierteln« habe ich bekommen. Er sieht aus wie Marlon Brando im Alter von 40 Jahren als Marc Anton oder Brutus. Mit Brutus hat Caracalla überhaupt Ähnlichkeiten gemeinsam, wenngleich er auch böser aussieht. Naja, Brutus hat auch »nur« Caesar, Caracalle wohl rund ein paar Tausend Leute umgebracht. Aber Caracalla hätte 100000 Menschen umbringen können, Roms Schicksal dadurch nicht verändert, während der Simpel und naive Phrasendrescher Brutus, hätte er C. nicht umgebracht, Roms Schicksal wohl hätte ändern können, dieses Rindvieh; (wenn ich ihn mal im Himmel [oder besser in der Hölle] treffe, bringe ich ihn um! Aber damit kommen wir zum Christentum und das ist noch mehr verdammungswürdig!) Überhaupt, wenn ich dran denke, daß die Christen Rom zerstört und verunstaltet haben dann — na, die werden sich wundern, wenn ich mal Diktator bin!
Viele Grüße Dein Jörg!

Den 23.3.58

Lieber Papi!
Von Donnerstag bis Samstag habe ich ununterbrochen Bundestag gehört. Es war hochinteressant. In erster Linie geht es um die atomare Aufrüstung der Bundeswehr. Es kam zu zeitweise tollen Szenen. Am Donnerstag sagte Erler, die Reden der Regierungsparteileute und die Atmosphäre des Hauses erinnere ihn an eine Szene im Berliner Sportpalast 1943, als Goebbels fragte: »Wollt ihr den totalen Krieg?« Daraufhin marschierten CDU und DP geschlossen hinaus. Später sprach Reinhold Maier. Es war irrsinnig! Mit seinem dünnen Fistelstimmchen machte er

Strauß fertig. Erstmal fing er an, als er Strauß gehört habe, sei er an das gut deutsche Sprichwort erinnert worden: Von alledem wird mir so dumm, als ging mir im Kopf ein Mühlrad rum. Dann erzählte er, wie er im 1. Weltkrieg bei der schweren Artillerie gewesen sei und übertrieb – echt schwäbisch – seine Taten. Nun, dann sagte er: Diesem Mann (Strauß) würde ich nicht einmal ein Feldgeschütz anvertrauen. Wer so spreche, der schieße auch. So spreche auch kein Bundesverteidigungsminister, sondern der Reichskriegsminister. – Und in diesem Ton ging es weiter. Am Freitag sprach erst einer von der DP. Es war ein Erznazi. Sein Ton hat mich richtig an die Reden und Zitate erinnert, die in dem Dokumentenbuch über das dritte Reich stehen. Es gab einen riesigen Krawall, als er zu den Sozis sagte: »Gott möge einen Atomkrieg verhindern (wenn sie [die CDU] es nicht vermag, dann berufen sie sich auf Gott!), falls sie noch an Gott zu glauben vermögen!« Nachmittags sagte dann Helene Wessel, sie habe den Eindruck, als ob bei der CDU u. DP der Glauben an die Atombombe stärker sei als der Glaube an Gott!
Aber am tollsten wurde es gestern vormittag. Erst sprach – sehr gut – Carlo Schmidt. Die meisten Worte waren Fremdwörter, und er zitierte u.a. Pascal, Hebel, Schiller usw. Und dann, nach ein paar langweiligen Rednern, kam ein SPD-Mann. Ein noch ganz junger, Schmidt aus Hamburg. Es war großartig! Hinreißend! Phantastisch!
Erst mal zitierte er, im Bezug auf die 251 CDU-Mitglieder, »Psychologie der Massen«. Die CDU tobte! Dann beschrieb er Strauß: »Intelligent, meine Herren, aber gefährlich!« Schließlich sagte er: »Atombomben in der Hand eines Herren Jaegers (CDU) können die Schatten eines 3. Weltkrieges heraufbeschwören!« Und er schloß zur CDU gewandt mit den Worten: »Legen sie ihren deutschnationalen Größenwahnsinn ab!« Du kannst Dir vorstellen, wie die CDU-Leute, und, wie Döring (FDP) sagte, ihre Untermieter, die DP, tobten! Dann stand Kiesinger auf und schrie mit vor Empörung zitternder Stimme, das Haus müsse sich schämen ob solcher Worte! Dieser ...... hat es gerade nötig! Na wartet! Schließlich wurde die Debatte abgebrochen und auf Dienstag vertagt. Nachmittags kamen dann Kirn sen. und jun. und haben mit mir debattiert. –– Das ganze Zeug hat mich nur in meinem Entschluß, Politiker zu werden, bestärkt. Jetzt erst recht! Aber sowie ich die Macht habe, lasse ich sie alle aufknüpfen. Und dann wird der Bundestag geschlossen. Nur kein Parlament!
Viele, viele, viele Grüße Dein Sohn Jörg!

Den 30. März 1958

Lieber Papi!
[...]
Die Idee, an die Holzköpfe in Bonn zu schreiben, hatte ich auch schon. Übrigens hat mich Dein die Politiker verächtlich machender Brief nur in meinem Entschluß bestärkt, Politiker zu werden. Was die Welt ohne Caesar? Ohne Bismarck? Ohne Napoleon? Ohne Metternich?
Die Macht zu haben reizt mich jedenfalls mehr, als ein gutes Buch zu schreiben oder ein gutes Bild zu malen. Das Buch von Brecht über Caesar finde ich großartig. Die Geschichte Roms so zu schreiben, finde ich besser, als einfach hölzern und nüchtern und dabei völlig idealistisch einfach sich auf Plutarch oder Livius zu stützen.
Kein Wunder, daß in Italien Kommunismus und Faschismus blüht. Im alten Rom gab es ja solche haufenweise. Catilina war, je nachdem, beides, Caesar zeitweise. Faschist, die beiden Gracchen ebenfalls beides, die Decemvirn Faschisten. Neulich habe ich mir im Mommsen wieder römische Köpfe angeguckt. Einfach großartig! Vor allem Cicero sieht phantastisch aus. Das waren Männer! Wenn ich mir dagegen Ollenhauer, Adenauer, Erhard oder Eisenhower angucke ....
Also viele, viele Grüße und viel Sonne! Dein Sohn Jörg!

Den 7. April 1958

Lieber Papi!
[...]
Am Freitag waren Mami und ich in einem tollen Film, mit Charles Laughton und Marlene Dietrich »Zeugin der Anklage«. Einfach toll! Laughton spielt einen entsetzlich dicken, herzkranken Strafverteidiger. Er kommt gerade, von einer kindischen Krankenwärterin bewacht, aus dem Krankenhaus ins Büro und soll sich sehr schonen und keine großen Fälle mehr machen. Kaum ist er da und soll ins Bett gehen, da kommt ein Kollege und bringt ihm einen neuen Klienten. Dieser, ziemlich unvermögend, ist verdächtigt, eine sehr wohlhabende Frau umgebracht zu haben, mit der er bekannt war. Die Frau, schon älter und verwitwet, bemuttert ihn. Er ist mit einer Deutschen verheiratet, die er nach dem Krieg als Besat-

zungssoldat kennengelernt hat. (Das ist Marlene Dietrich) Er sagt, sie könne beweisen, daß er schon zu Hause war, bevor der Mord begangen wurde. Dann kommt raus, daß die Ermordete ihr Testament geändert hatte und ihm 80000 Pfund vermacht hat. Jetzt ist er natürlich schwer verdächtig. Also, der Prozeß beginnt. – Und als Kronzeugin der Anklage tritt die Frau des Verdächtigen auf. Sie war, als sie ihn heiratete, schon verheiratet und ist also ein richtiges Biest. Sie sagt, ihr Mann sei erst eine Stunde später gekommen und habe ihr gesagt, er habe sie umgebracht.
Es gelingt aber Laughton, sie unglaubwürdig zu machen und der Verdächtigte wird frei gesprochen. Da aber kommt die Sensation: seine Frau, die vom Volk verprügelt wird, kommt zu Laughton, der einsam auf seinem Bänkchen im Gerichtssaal sitzt, und sagt, daß er sie (die alte Dame) tatsächlich umgebracht habe. Sie selbst (M.D.) hat L. kompromittierende Briefe zugestellt, um sich unglaubwürdig zu machen. Als dann der nun Freigelassene kommt, sagt er frisch heraus, daß er sie selbstverständlich umgebracht hat (in England darf niemand 2mal wegen derselben Sache vor Gericht kommen) und die beiden sind glückselig, er nur anscheinend, denn plötzlich kommt ein hübsches, junges Mädchen und gibt sich als seine Verlobte zu erkennen. Da erkennt M.D., daß er sie betrogen hat und bringt ihn um.
Ein wirklich ausgezeichneter Film! (Schauspielerisch) – Mami hat mir zu Ostern ein einfach hinreißendes Buch geschenkt: »Die Iden des März« von Thornton Wilder: Ich finde es großartig!
Anbei die »La famille«, Nr. 5.
Das Wetter ist mal wieder kalt, aber wenigstens scheint die Sonne. Und in Rom? Regnet es immer noch? Daß es Kakerlaken, Mäuse, Ameisen, Skorpione und dergleichen gibt, finde ich großartig. Wie im alten Rom! Die sind wahrscheinlich auch nicht so schnell wegzukriegen wie die Steine!
1000 Grüße und Küsse Dein Sohn Jörg!

Frankfurt a. M., den 18. Mai 1958

Lieber Papi!
[...]
Nun zum Thema Religionsunterricht. Deine Ansichten sind zwar, wie immer, sehr weise, nur bei diesem Religionslehrer undurchführbar, weil er mich nicht

drannimmt, wenn ich sie äussern wollte. Und gegen diese Waffe kann man nicht aufkommen. Bei jedem anderen Lehrer wäre ich nicht ausgetreten, denn ich trete ja nicht wegen dem Fach, sondern wegen dem Lehrer aus. Mit dem letzten Religionslehrer – einem Pfarrer – konnte man sich sehr gut unterhalten. Warum: weil er nicht so fanatisch wie der derzeitige ist, und weil er bemüht war, stets sachlich und objektiv zu sein.
Wenn übrigens überzeugte Christen ebenfalls austreten, dann siehst Du, dass ich kein alleinstehender Nörgler und Phantast bin, sondern dass alle gegen diesen Lehrer sind. Ich wäre sehr gern im Religionsunterricht geblieben, weil mir das Fach gefällt und weil es sehr interessant sein kann. Aber so geht es nicht.
Übrigens kann ein Referat meiner Ansicht nach sehr wohl persönliche Gedanken enthalten. Herr Venz, mein Lehrer, dankte mir sogar für das, wie er sagte, »vorbildlich gehaltene Referat!« Entweder ist also Herr Venz ein Dummkopf, oder Du bist ein weiser Gott und unsterblicher Denker. Über beide Dinge kann man sich unterhalten, doch wenn ich so objektiv wie Du sein soll, dann möchte ich weder das Eine, noch das Andere annehmen. – Ich entfachte auch keineswegs, wie Du es annimmst, einen Aufruhr, sondern es löste sich eine mit grosser Spannung erwartete Debatte aus, wobei die Hitzigkeit einiger Leute keine Rolle spielt.
[...]
Es grüßt Dich 100000000000000000000fach Dein sturer Sohn Jörg!

P.S. Ob ich ein guter Politiker werde, wird die Zukunft und werde ich entscheiden!!!!!!!!!! Und niemals Du!!!!!!!!!!

Den 17.6.1958

Lieber Papi!
Vorhin war ich in »Der dritte Mann«.
Ganz großartig! Der beste Film aller Zeiten – zumindest der beste Film, den ich je gesehen habe. Er ist mindestens eine Klasse besser als »Julius Caesar« – und das will was heißen! Was für eine unheimliche Spannung! Im Kino war es so leise, daß man Mohrle gehört hätte, wäre er herangeschlichen. Die Leute waren so gefesselt, es hätte ein Brand ausbrechen können, sie wären nicht weggegangen; jeden-

falls ich nicht. Toll! Einfach hinreißend! Die Jagd in den unterirdischen Kloaken gehört zu dem phantastischsten, was ich je sah, hörte oder las.
Viele Grüße und bis in 3 Wochen – Jörg!

Den 9.9.58

Lieber Papi!
[...]
Zur Zeit lese ich »Die Geschichte der Deutschen Revolution« (von 1918/19). Im Internationalen Arbeiterverlag 1929 erschienen. Die ersten Jahre der Weimarer Republik, von der kommunistischen Warte aus gesehen. Von Kirn. Hinreißend! Was für ein Unterschied zum bonbonrosa Stampferlein! Ha! Vor allen Dingen tolle Illustrationen, Pamphlete, Zeitungsausschnitte, Plakate usw. Als ich gestern bei Kirn war, habe ich zum ersten Mal die Internationale gehört. Ein erhebender Augenblick! Toll! Kirn hat mehrere Platten geliehen, mit der Internationalen, der Marseillaise, der polnischen Hymne und der Hymne der UdSSR. Diese war ganz wunderbar, ein richtiges Musikwerk. Hinreißend ......!
Mohrle ist das eitelste Tier, das ich je gesehen habe. Wo er auch ist, er leckt sich. Es ist irre, wenn man ihn beobachtet. Er kommt ins Wohnzimmer, guckt uns mit seinem etwas gemischt melancholisch-neugierig-vorwurfsvollen Blick an – und läßt sich schwer auf den Boden fallen, woselbst er sich zu lecken beginnt. Dies äußerst ausführlich. Dann schleicht er auf den Gang, läßt schwer auf den Boden fallen und beginnt von neuem die Leckerei. Das setzt sich dann auf der Chaiselongue fort. Selbst wenn er nach irgendetwas springt, muß er sich schnell vorher noch putzen, wenigstens übers Pfötchen lecken.
Das für heute! Dein Sohn Jörg!

13.7.63

Liebe Mami, lieber Pappi,
ich bin mir völlig im klaren darüber, welche Reaktion dieser Brief auslösen wird; während der vielen Monate, in denen das, was ich euch jetzt zu sagen habe, sozusagen zur Reife kam, hatte ich ja auch genug Zeit, mir auszumalen, was passieren wird.
[...]
Einmal muß ich sagen, daß ich es, schlichtweg, weder bei euch (obwohl ich sehr wohl weiß, daß ihr wahrscheinlich die besten Eltern seid, ich ich mir für mich denken kann) noch auf der Schule noch überhaupt in Deutschland noch lange, noch zwei Jahre, um genau zu sein, aushalten kann.
Und da ich, aus eurer Sicht: leider, keinerlei Ehrgeiz habe außer dem, ein paar gute Gedichte zu schreiben und so, wie es mir möglich ist, für das einzutreten, wovon ich glaube, es sollten alle Menschen dafür eintreten – da ich sonst keinerlei Ehrgeiz habe, sehe ich nicht ein, warum ich mich noch zu alledem zwingen sollte.
Ich weiß genau, daß mein Vater, er vor allen, davon überzeugt ist, ich sei einzig und allein nach London gefahren, um mich hier herumzutreiben, und wegen Stella.
Diese Annahme ist falsch. Es wäre glaube ich, ziemlich gefährlich, auf ihr zu beharren: ihr könnt mich zwar mit gesetzlichen Mitteln dazu zwingen, noch zwei Jahre in Frankfurt und bei euch zubringen zu müssen: aber seid davon überzeugt, daß ich, sooft es nur ginge, wieder das täte, was ich gerade getan habe. Allmählich werde ich unempfindlich gegenüber anderer Leute Meinung von mir, auch eurer (da ich ohnehin weiß, daß mein Vater mich für eine Niete und einen Taugenichts und Versager hält, womit er, aus seiner Sicht, völlig recht hat.) Ich bin hier zum ersten Mal in meinem Leben glücklich, auch ohne viel Geld, ohne warmes Essen oder sonstigen Luxus. Ich könnte es überall sein, wo ich für mich leben kann und nicht für andere Leute. Soll ich euch zu Liebe etwas tun, das ich hasse? Die Zeiten sind vorbei.
Ich werde auf keinen Fall (dazu könnt ihr mich nicht zwingen!) weiter in die Schule gehen. Ich möchte, so wie hier, viel schreiben können; und, so lange ich mich davon nicht ernähren kann (ich habe wirklich nicht viel nötig, das sehe ich, sehr befriedigt, hier), werde ich arbeiten, es gibt genug.

Warum ich euch das nicht alles schon gesagt habe? Weil ich weiß, wie derartige Diskussionen bei uns vonstatten gehen.
Warum um Himmels Willen könnt ihr mich nicht so leben lassen, wie ich es gern möchte? Warum überlaßt ihr nicht meine Zukunft mir? Ist nicht Pappi auch Maler geworden, obwohl seine Eltern sicher andere Pläne hatten? Hat er nicht das getan, was er wollte? Und Mami? Ich flehe euch an: laßt mich doch, auf mein Risiko hin, tun was ich will!
Ich weiß, daß ich euch sehr unglücklich mache. Wir machen uns gegenseitig unglücklich. Ich kann ebensowenig aus meiner Haut heraus wie ihr aus der euren.
Ich flehe euch an – laßt mich doch!
Ich schicke euch ein paar Gedichte mit, eins habe ich hier geschrieben.
Ich hoffe, daß die Frankfurter Hefte und konkret was drucken werden, ich bin in Verbindung mit ihnen. Wenn ich genug zusammen habe (im Augenblick etwa 40, seit einem Jahr, als die besseren) werde ich es wohl irgendeinem Verlagsmenschen geben.
Aber darauf kommt es mir im Augenblick nicht an. Es kommt mir nur darauf an, daß ihr mich irgendwie verstehen könnt und mich nicht zwingt, das zu tun, was ihr wollt.
Natürlich könnt ihr mich hier von der Polizei holen lassen. Aber ich komme doch sowieso zurück! Glaubt doch nicht, ich sei wegen London hierhin gefahren: hier habe ich nur Ruhe (und ein Mädchen, das ich sehr gern habe und das mich sehr gern hat – das ist aber auch alles, wirklich!)!
Wenn ihr mich polizeilich zwingt, gleich zurückzukommen, dürft ihr die völlige Gewißheit haben, daß ich bei der nächsten Gelegenheit dasselbe tun werde, und, wenn ich 21 bin, nichts mehr mit euch zu tun haben werde.
Es tut mir leid, daß ich euch die Ferien vermiese, vor allem für Mami. Ich kann's nicht ändern.
Wenn ihr mir schreibt, und ich vertraue euch, daß ihr nicht zu anderen Mitteln greift, schreibt bitte postlagernd Victoria Station Post Office, London, W 1, weil ich morgen für ein paar Tage aufs Land gehe (London ist schrecklich) und dann ein billigeres Zimmer suche.
Alles Gute. Bitte, in eurem Interesse, glaubt alles was ich geschrieben habe. Ich werde bald wieder schreiben. Bitte laßt es nicht soweit kommen daß ich euch hassen muß.
Euer Jörg

Den 6.6.64

Liebe Mami, lieber Papi,
[...]
Ich möchte euch nämlich bitten, mir zu erlauben, im Sommer für zwei Wochen nach London zu fahren. Normalerweise würde ich euch gar nicht erst bitten, weil ich ja weiß wie ihr zu alledem steht. Aber einmal braucht ihr wirklich nicht – 1/2 Jahr vor dem Abitur – eine Wiederholung vom letzten Jahr zu befürchten (denn 1. will ich die Schule hinter mich bringen, 2. besteht gar kein solcher Anlaß wie letztes Jahr, und vor allem 3. habe ich ja Paps versprochen, das A. zu machen, und dieses Versprechen halte ich), und zum andern würde ich fast alles selbst bezahlen. Ich bräuchte nämlich für 14 Tage + Überfahrt ca. 130 Mark (höchstens 140), weil ich eine sehr billige Schlafgelegenheit angeboten bekommen habe, für 12 Mark die Woche. Dies würde ich bezahlen mit a) Geld von Gedichtveröfflchg. in FH (die Korrekturfahne bekam ich gestern), b) ein bißchen Gespartem, und c) vielleicht dem Geld, das ich hier ohnehin verzehren würde, alles in allem bräuchtet ihr höchstens 50 Mark beizusteuern, und da ich ja auch demnächst eine Buchkritik fertighabe, würde ich das zurückzahlen. Ich kenne zwar alle eure Einwände usw., aber schließlich sind doch 14 Tage wirklich nicht viel, und ich verspreche, keinen Tag länger zu bleiben – dann habe ich immer noch 4 Wochen zum Lernen etc. Und ich möchte halt einfach noch mal ein bißchen weg dieses Jahr, und in London könnte ich die fehlenden Kraftreserven für den Winter sammeln. [...]
Alles Gute Euer Jörg

[London] 20/7/64

Liebe Mami, lieber Papi,
mehr als die Hälfte der Zeit ist ja schon um. Mir geht es gut, manchmal ist sogar schönes Wetter. Ich habe eine Unmasse Leute kennengelernt und bin auch ein bißchen im Land gewesen. Letzten Samstag mußte ich 14 Meilen nach meiner Wohnstatt laufen, weil der letzte Bus in dieser größten Stadt der Welt um halb 12 fährt, und den verpaßte ich. Wenn ihr nun glaubt, ich hätte bei diesem Nachtmarsch eine Unmasse erlebt, dann täuscht ihr euch. Abgesehen von ein paar High-Society bzw. Unterweltvierteln versinkt London ab elf Uhr abends in tiefen

Schlaf. Ab zwölf Uhr traf ich ungefähr zwei Menschen, ein paar Katzen und drei Polizisten, c'est tout.
[...]
Der Mann, der die Kunstkritiken für mein anarch. Blatt schreibt, in einem wirklich klassischen Englisch, daß du denkst, Oscar Wilde oder sonstwer hätte das schreiben können, von dem ich annahm, er sei ein hochästhetischer Edel-Anarchist (dieser H. Read schreibt lang nicht so) ist: ein Busschaffner, ein ältlicher, Cockney sprechender, glatzköpfiger, dicker Proletarier mit einem Straßenköter. Ich komme also ungefähr Mitte nächster Woche. Alles Gute viele Grüße an alle, Euer Jörg

23/5/65

Lieber Papi,
ich hoffe, dieser mein bescheidener Geburtstagsgruß erreicht Dich unter einer ganz und gar nicht bescheidenen Sonne (es fällt mir schwer zu glauben, es handle sich dann um die gleiche Sonne wie diese hier, die sich eher vornehm zurückhält und den »Mozartmonat« einigem Regen und Wind und Wolken überläßt), und bei guter Gesundheit. Abgesehen von allem Selbstverständlichen, wünsche ich Dir für den Augenblick die Landschaften, die Du brauchst; und für die Jahre im voraus die sichere Gewißheit, daß die Mühen, angefangen vom Leinsamenessen bis in die unruhigen Nächte, sich doch gelohnt hätten. Wie groß jedenfalls auch die Schwierigkeiten zwischen uns im täglichen Zusammen- oder Nebeneinanderleben, in dessen Gewohnheiten und den Anschauungen und Empfindungen sein mögen, so spielen sie doch keine Rolle neben dem Wichtigsten, das ich in all diesen Jahren erlebt habe, und das mir aus meiner Jugend bleiben wird vor allem anderen: der zähen Arbeit, die Du in Deiner Kunst geleistet hast, den Gesprächen, die wir darüber führen, und den Bildern selbst, gerade weil ich kein Maler geworden bin, wiegt mir jedes Wort, das ich schreibe, gewichtiger; und das Maß, mit dem Du gemessen hast und die Beharrlichkeit, mit der Du an Deiner Kunst festgehalten und sie entwickelt hast, werden mir Vorbild sein, und sind es schon bei meiner Arbeit. Daß ich wenigstens darin von Dir gelernt habe, kann ich Dir mit Sicherheit sagen, auch wenn Du es jetzt noch in dem, was ich schreibe, nicht erkennst.

Im übrigen wünsche ich Dir einige Wochen voller Schönheiten; denn eigentlich sind es ja nur Erinnerungen, aus denen Kunst entsteht.
Alles Gute, Dein Sohn Jörg

Watford, den 12.10.1965

Lieber Pappi,
[...]
Zu Deinem Brief fielen mir tausend Gedanken ein, als ich ihn im Bett heute früh las; ich hoffe, ich kann einige wieder zurückrufen. Vielleicht ist dies das wichtigste: daß es mir nicht um Freiheit geht, sondern um Erfahrung. Damit ist nicht gesagt, daß ich irgendeinem Lebensmythos huldige, und zum Abenteurer tauge ich recht schlecht, da ich ja beim Schreiben genug Abenteuer erlebe. Vielleicht ist die wichtigste Erfahrung die einer nahtlosen Gespaltenheit in allem, was ich tue.
Mein Werktag ist ein vierundzwanzigstündiges Selbstgespräch; ein Dialog zwischen Aktion und Analyse. Und die größte Pein verursacht mir die gleiche Fähigkeit, die mich zum Schreiben veranlaßt, ja die eigentlich Grundstock allen Schreibens, aller Kunst ist: die Imagination. Diese Kraft der Vorstellung, der Einfühlung, lähmt natürlich die Kraft des Handelns, sie engt den Aktionsradius ein.
[...]
Zyniker bin ich insofern, als ich weiß, daß alles, was mir begegnet, mir auch zugute kommt; ich bin ein Verwerter. Andere [...] können das nicht: sie können kein Buch darüber schreiben, kein Bild malen, keinen Vers, nichts. Sie können nur leben und sterben. Das heißt, sie sind die Unglücklichen, wir die Glücklichen. (Daß das auch das Gegenteil impliziert, versteht sich.)
Ich komme mir also wie ein Schauspieler vor, der ein Stück über das Stück schreibt, in dem er spielt; allerdings werde ich zuletzt nicht wie Kaiser Augustus fragen: Habe ich meine Rolle gut gespielt? sondern: habe ich meine und die anderen Rollen gut beschrieben? Die anderen Rollen – alle ja erst ins Leben gebracht durch die Spieler. Wer von ihnen hat den Husten? Ist einer verliebt, und in wen? Wer stirbt als erster, und woran? Wer kauft einen Kranz zum Begräbnis, wer nicht? Diese Zufälle überantworten mir die Menschen, mit denen sie spielen. Der Schriftsteller – darin sehe ich seine Aufgabe – muß starke Hände haben, um diese Last nicht fallen zu lassen. Sein eignes Leben ist eine Übung und Prüfung für die

Tauglichkeit seiner Kunst. Vielleicht liegt es an meiner Jugend, daß ich nicht weiß, wie ich handeln soll. Aber aufs Alter kann man so wenig warten wie auf den Musenkuß.
Was ich heute nicht tue, werde ich morgen schreiben: mit diesem Trost kann ich zur Ruhe gehen, andere können es nicht. Wer die anderen sind, bestimme ich nicht; was ich ihnen bin, bestimmen sie nicht.
Ich kann euch also keine fertigen Pläne aufweisen, denn ich habe keine. [...] darunter leidet ihr womöglich, oder zumindest beunruhigt es euch; ich leide nicht daran, denn es gibt keine andere Realität für mich als die der Worte auf den weißen Bögen Papiers, aber ich leide sozusagen mit den Menschen, die ich schlecht behandele, weil ich nicht handeln kann.
Für heute genug davon – und Euch alles Gute und vor allem gute Besserung! Dein Jörg

Donnerstag
Ich habe heute meine Stelle gekündigt und muß dich noch einmal, wie schwer es mir auch fällt, um das Fahrgeld bitten. Bitte – so rasch es geht! Alles Gute Jörg

Watford, 6.11.65

Lieber Pappi,
offenbar willst Du es streng vermeiden, Menschen anders als aus Emotion zu betrachten. Mittlerweile kannst Du mich aber nicht mehr irritieren, ich schreibe Dir also nur zu solchen Punkten, bei denen Du ganz einfach schief liegst.
[...] Da aber die Dinge alle nicht so einfach sind, wie Du sie gerne darstellst (wenn A nicht A ist, muß es nicht unbedingt B sein), geht das eben alles nicht so schnell, wie auch ich geglaubt habe. Wenn Du meinst, mein Brief damals wäre ein billiger Trick gewesen, um 200 Mark zu bekommen, dann überlasse ich Dir die Erfindung gerne. Ich habe die 200 Mark noch und schicke sie Dir gern zurück. Glaub nur nicht, daß ich in Zukunft finanziell auf Dich angewiesen sein werde. Auch wenn ich bei Euch wohnen werde, werde ich in Zukunft mein Geld selbst verdienen. Ich habe Dich um dieses Geld nur deshalb gebeten, weil Du mir ohnehin, als ich bei Euch war, Geld für Hin- u. Rückfahrt angeboten hattest.
[...]

In einem Fall allerdings können wir uns wohl nie einigen, dem meiner Zukunft nämlich. Ich halte mich weder für ein Genie noch sonst irgendwas, aber ich kenne mich gut genug, um zu wissen, daß ich keinen Akademiker, auch keinen geheuchelten, keinen Lektor etc abgebe. Ich werde nicht auf die Universität zurückkehren, weil ich mich schlichtweg dort langweile u. weil es Zeitverschwendung ist. Ich bin euch dankbar daß ihr mich zum Abitur durchgeboxt habt, aus vielerlei Gründen, aber Studium? Nein danke. Mein Leben verläuft anders. Ich weiß, was ich will, und ich werde es bekommen, und zwar so, wie ich es will. Tut mir leid, wenn ihr euch unentwegt Sorgen um mich macht! Aber ich kann nicht eurem Kummer zum Trost etwas tun, was ich unwillig, haßerfüllt etc. täte.
Entweder kann ich also zeitweise bei euch leben und schreiben und meinen Dingen nachgehen, oder nicht! Wenn ihr nur einen Studiosus, Lektor in spe etc. wollt, dann schreibt mir das, damit ich es weiß. Ich bummle nicht hier herum, um das Immatrikulationsdatum zu versäumen. Das habe ich nicht nötig. [...]
Ich habe bislang wenig Dinge durchgehalten, zu denen man mich verpflichten wollte, sehr wahr; Dinge, zu denen ich mich verpflichtet habe, habe ich durchgehalten. Dazu gehört unter anderm alles, was ich in diesem Brief geschrieben habe, und wenn Du's nicht glaubst, wirst Du's ja sehen. [...]
Herzliche Grüße Jörg

Istanbul, 7.3.66

Liebe Mami, lieber Papi,
diese Woche war eine einzige helle Stunde, die wie im Zeitlupentempo verstrich: und in der Blauen Moschee kulminierte, dem wunderbarsten Bauwerk, das ich je gesehen habe, noch in vollkommen göttlicher Harmonie völlig menschlich, verständlich, erreichbar, unkolossal, unaufdringlich, einfach. Wunderbare Mosaike, Tauben fliegen im Dämmerlicht auf und nieder; Stille, nur unterbrochen vom Schlurfen der Pantoffeln auf den alten Teppichen und dem dumpfen Geräusch, wenn die Männer sich nach vorne, auf die Knie werfen.
All das, dazu die Anrufung Allahs in der Frühe, mittags und abends schrill und feierlich über den Dächern und Autos und Menschen, der Bazar, die Flöhe, die Straßenhändler, das unglaubliche Völkergemisch, tote Katzen auf den Bürgersteigen, das Tuten der Schiffe, die Gerüche nach Urin, Tee und Süßigkeiten, die Män-

ner in den Kaffeehäusern vor ihren blubbernden Wasserpfeifen, die hinreißende Lage der Stadt an den drei Wasserströmen, die Hügel im violetten Abendlicht, die bunten Netze der Fischer, die Dummheit und Freundlichkeit der Türken, die Lastträger, die Gassen, die billigen Hotels voll zweifelhafter aber höflicher Charaktere, die Atmosphäre von Frömmigkeit und Laster und Anmut und Chaos und Demut und Freiheit, das plötzliche Ablöschen in der Nacht (im Orient geht man zeitig ins Bett), das billige, saubere, geschmackvolle, bekömmlichste Essen der Welt, die Dunkelheit und das plötzliche Licht, all das macht Barbara und mir schwer zu schaffen, aber wir tauchen hinein und werden ein Teil davon und leben zufrieden und erwartungsvoll.

Gestern waren wir mit einem Sonntagsausflugsschiff im Marmara-Meer, auf einer kleinen Insel; eines öden Fischerstädtchens, an den Hängen, wo die Bäume zu blühen beginnen, Sommervillen der Istanbuler Geschäftsleute. Sehr kalt, das Meer glitzernd in verschiedenen Blaus und Gruns. Istanbul ist eine wunderbar wohltätige Stadt, wohltätig für Gemüt, für Körper und Seele, wohltätig für die Religion, die Augen, die Ohren, die Nase, den ganzen Leib. Ich bin dem Orient völlig verfallen: den dunklen, betäubenden Straßen, den wilden, funkelnden Männern, den stolzen Frauen, dem völlig offenen Handelswesen der Levante, wo die Idee des Geldes ihren vollkommensten Ausdruck gefunden hat, in einer Stadt, in der jeder handelt, mit der Offenheit eines Kindes und der Hinterlist eines Dackels (und der Unsicherheit eines Analphabeten).

Die Blaue Moschee aber ist wunderbar, ist das Herrlichste, das ich bisher gesehen habe. Neben ihr fällt der St. Petersdom in Staub, fallen alle Kathedralen und Dome in Trümmer. Ein alter Mann steht im Hof vor einem Pult, der Koran ist aufgeschlagen, und er liest und singt, während ihm die Brille langsam über die lange Nase rutscht. Der Rosenkranzverkäufer klappt sein Köfferchen zu, die Männer und wenigen Frauen treten langsam, ernst, würdevoll aus dem Inneren der Moschee und schlupfen in ihre Schuhe, grüßen sich gesammelt und schreiten davon. Gepriesen sei der Name Allahs, des Einen, des Einzigen Gottes.

Euren Brief habe ich heute bekommen, vielen Dank. Die Kritik schreibe ich gern, aber all das scheint eine Erdumdrehung weit.

Jedenfalls alles Gute, uns geht es wunderbar. Euer Jörg

Istanbul, 13.3.66

Liebe Mami, lieber Papi,
übermorgen werden wir Istanbul verlassen (das Herz wird mir brechen). Und zwar werden wir gleich nach Athen umsiedeln, denn in der ganzen Türkei ist es unfreundlich, regnerisch etc., in Griechenland soll es dagegen schon sehr schön sein. Allerdings, den Orient zu verlassen, das ist etwas Schreckliches, eine große Katastrophe, die Allah leider über mich hat verhängen müssen, da ich ja ein Ungläubiger bin, noch bin.
Am liebsten würde ich für einige Jahre in dem kleinen Hotel, drei Minuten von der Blauen Moschee, bleiben; aus dem Fenster sehe ich die ernsten, ockerfarbenen Quader der Aya Sofia gegen einen nebelhellen Himmel gesetzt; ich trete aus dem Hotel und um seine Ecke und stehe schon vor meiner Stammwirtschaft, wo die Mahlzeit zwischen sechzig Pfennig und, wenns mir nach Üppigkeit verlangt (es verlangt einen meistens nach Üppigkeit, aber einer angenehmen, luftigen, hellen Üppigkeit im Orient), einer Mark fünfzig kostet und ich stets ein Glas Wein oder ein Häppchen Süßes oder ein Gäbelchen Gemüse umsonst bekomme; gegenüber ist die Terrasse des Teehauses, wo der Tee zwölf Pfennig, der Kaffee zwanzig kostet; vor mir, ich schreibe gerade bei einem Tee, es ist Sonntagmittag, baut die Blaue Moschee ihre Kuppeln und Türme leicht, heiter, harmonisch zwischen weiße, fast unsichtbare Wolken; im Park um die Moschee gehen die Liebespaare und die Tauben und Katzen spazieren; und links, zwischen Moschee und den Orangen, die am Dach eines Kioskes hängen (frisch ausgepreßter Orangensaft zwanzig Pfennig), malt das Meer ein dunkleres Blau auf die lichtere Wand des Horizonts. Was, frage ich mich also, will ich mehr vom Leben außer einer kleinen Rente, die mich imstande setzte, all dies zu genießen? Wie gesagt, der Orient ist wunderbar wohltätig; aber er ist auch ein hauchdünner Firnis, der sich auf Glieder und Geist legt: Entschlüsse faßt man, aber führt sie nicht aus; man sitzt, man wartet nicht einmal, daß etwas passiert, oh nein! Allah ist gnädig! Man weiß, es wird nichts passieren, und dieses Wissen trinkt man mit jedem Gläschen Tee wie ein köstliches, duftendes Wasser (Rosenwasser? Nektar? bestimmt etwas arabisches) immer tiefer in sich hinein.
Kurz: ich fühle, es ist Zeit für eine Veränderung, sonst sitzen wir in zwei Monaten noch hier [...] Unsere nächste Anschrift lautet also poste restante, Athen. Von dort aus hoffe ich per Schiff vielleicht noch einmal den Orient zu erreichen;

aber ganz gewiß werde ich ja hierher zurückkommen, zur Freundlichkeit, zur Natürlichkeit, zum ewigen Morgen unter den Menschen, der Gott sei Dank auch ein ewiger Nachmittag ist mit der Aussicht auf eine schmackhafte Mahlzeit, ein gemütliches Kissen und einen süßen Schlaf.
Es grüßt euch herzlich Euer Jörg

Rohrbach, 5.10.66

Liebe Mami, lieber Papi,
also in Kürze, weil ich müde bin, nicht so sehr von der Arbeit (die leichter ist als in England: Putzen und Spülen fallen weg) als von den vielen fantastischen Eindrücken.
Mein Zimmer ist schön – vielleicht 12-15 qm, mit warmem Wasser, großem Schrank, Tisch, Stuhl, Hocker, großem Bett, Blumenvase (mit Blumen). Heute erster Arbeitstag. Ich bin auf einer Station für Krebsverdächtige und überhaupt solche, die erst untersucht werden müssen, was sie haben. Zwei Nonnen als Stationsschwestern – hinreißende Typen. Eine alte kleine rustikale dicke mit Zwicker und Warze, die mich mit Liebling oder Schatz anredet, und eine 10 Jahre jüngere aber ähnliche, noch ehrgeizige, die jetzt Stationsschwester ist (was die andere früher war). Dann noch eine normale Krankenschwester, eine Frau fürs Putzen und eine für die Küche. Ich werde richtig als Pfleger ausgebildet, wenn ich hier rauskomme, kann ich wohl so ziemlich alles inkl. Spritzen etc. Diese Nonnen haben es mir angetan, ich kann mich nicht von ihnen losreißen. Hier sammle ich Material, bis ich nur so platze. Manchmal könnte ich schreien vor Vergnügen. Dann das dünne trockene Husten. Sterbende alte Männer. Einer, der mich beim Füttern fragte: Ei, ich hab ja immer noch die Auge offe, ja gehe die denn gar net zu, desch is ja toll. Und dann: Ja isch denn des Sterbe so schwer? Na, ich kann euch sagen. In meiner weißen Kleidung (weiße weite Hosen, weißer Mantel) komme ich mir wie Herr Schenk vor, fehlen nur die weißen Socken. Ich bekomme hier alles gewaschen außer Nylon + Socken; schickt mir aber bitte noch weiße Hemden, Gläser und einen Aschenbecher, möglichst bald. Vor Ende d. M. werde ich wohl kaum kommen. Auch nur jeden 2. Sonntag frei. Die Gegend ist sehr schön. Ab morgen schreibe ich. Heute träume ich bestimmt von Nonnen. Alles Gute, ich geh schlafen. Jörg

Rohrbach, den 27.10.66

Liebe Mami, lieber Pappi,
[...]
Alle sind immer noch ganz nett, und bei den Nonnen gibt es ja immer wieder was Neues zum Staunen. Diese Mischung aus Naivität, medizinischer Erfahrung, Rustikalität, Weltunerfahrenheit, Prüderie, Frommheit, Heuchelei, mittelalterlichem schwäbischen Madonnabild und dann wieder die Spritze in der Patschhand ist einfach umwerfend, aber auch anstrengend, verteufelt anstrengend. Na, wenn ich wieder ins Burgfeld komme, gibts was zum Erzählen.
Es gibt übrigens nicht 60, sondern 90 Mark pro Monat – und 30 Mark können ein gewaltiger Unterschied sein. Trotzdem, zum Büchereinkaufen und solchen Sachen reichts nicht. Einmal in der Woche gehe ich zum lokalen Supermarkt und hole Nescafe, Tee, Zucker, Büchsenmilch, Schokolade oder Plätzchen, und dann hats sich. Samstags leiste ich mir die FAZ. Aus meinem Zimmer raus keinen Abend; erst schreib ich ein bißchen, dann lese ich, dann döse ich und dann penn ich ein. [...]
Das eigentlich Interessante hier ist, daß ich auf diese Weise mit Typen des Deutschen Volkes zusammenkomme, die einem Asphaltliteraten eigentlich höchst selten unter die Nase kommen – pfälzischen Winzern, badischen Eisenflechtern, schwäbischen Handwerkern etc. Wir haben auch bzw. hatten einen Herrn Jan Kozak aus Galizien (jetzt Bergzabern) und einen Herrn Jura Mosjuk aus der Ukraine (jetzt Lörrach) bei uns – beide 1941 ins Reich gekommen. Man schaut also dem Volk aufs Maul – und so hautnah wie im Krankenhaus wohl nie mehr. Demnächst mehr, und alles alles Gute, Euer Jörg.

Istanbul, poste restante, 26-1-67

Lieber Pappi,
Ich will nicht versuchen, mich verständlich zu machen. Das würde mich nur dem Irrsinn näherbringen, dem ich bald zu erliegen drohe. [...] Jetzt sitze ich und schneide mir mit den Scherben meines zerbrochenen (oder vielleicht verbrochenen?) Lebens in die Finger. In Rohrbach wurde ich verrückt, und hier merke ich, daß ich mich nicht heilen kann. Ich konnte nicht schreiben, und hier sitze ich und

platze und dreh mich im Kreis und fluche und spucke und krepiere an mir selbst und bringe kein Wort heraus. Ich weiß daß ich endlich etwas schreiben muß, und schaffe es nicht. Ich konnte mit euch nicht mehr reden [...]. Meine Beziehungen zu mir selbst und allen Menschen lachten mich hohn. Ich kann mich nur retten wenn ich schreibe und ich konnte nicht schreiben und kann es nicht, und ich werde verrückt vor Angst, die Qualen eines Schriftstellers erleiden zu müssen, ohne ein Schriftsteller zu sein. Und jetzt bin ich hier in dieser Stadt, wo ich im letzten Jahr so glücklich war. Und wie sehne ich mich nach den Abenden im Burgfeld zurück, nach den Gesprächen, meinem Zimmer mit der alten Schreibmaschine und den vielen Büchern, als ich noch glaubte, schreiben zu können. Und die Angst um euch zermartert mir das Hirn. Jeden Tag will ich zum Konsul und mich stellen, und ich werde es auch tun, wenn Du es mir sagst. Was sollte ich auch sonst tun, als wieder zu kapitulieren? Jörg

Istanbul, Poste restante

Mami + Pappi,
helft mir bitte hier heraus oder es wird nie mehr. Schickt sobald ihr könnt 250 Mark oder 100 Mark + Fahrkarte Einschreiben hierher.
Vergebt jemandem der schon lange nicht er selbst ist. Niemand wird mit der Asche geboren.
Jörg

Rohrbach, 22.2.67

Liebe Mami + Pappi,
[...]
Guggenheimer hat mir im Januar einen sehr netten Brief geschrieben, er werde mit dem Protest enragiert Engagierter rechnen müssen wegen der Lasker-Schüler-Kritik, wolle sie aber unbedingt »als ungewöhnlich schönes Zeugnis persönlicher Bewunderung« bringen. Außerdem bittet er um Anregungen wegen weiterer Kritiken, und um Gedichte. Könnt ihr mir bitte aus der FAZ die Frühjahrserscheinungen der Verlage aufheben? – und schicken?

[...]
Wann ich wieder nach Ffm komme, weiß ich nicht, weil ich jetzt bis Montag krankgeschrieben bin und auch auf einer anderen Station vorübergehend in Vertretung bin. Wenn ihr irgendwelche neuen Taschenbücher oder sonst etwas zum Lesen habt, wäre ich dankbar. Ich bin ganz ausgehungert nach Lektüre. Hier hat sich gar nichts verändert, und alles geht weiter seinen unabänderlichen Trott.
[...]
Alles Gute Jörg

Rohrbach, 27.2.67

Liebe Mami, lieber Pappi,
vielen Dank für Brief und Paket. Ich habe Guggenheimer gleich geschrieben und will ihm in ein paar Tagen ein paar Gedichte schicken – 3 oder 4 von denen, die euch auch gefallen haben. Im übrigen habe ich mir eine Dylan-Thomas-Auswahl zur Besprechung erbeten und mich auch sonst für angelsächsische Literatur angeboten, a) weil die mich eh interessiert, b) weil ich dadurch gezwungen bin, weiter Englisch zu lesen. Habt ihr in der letzten »Zeit« den Artikel einer Dame Kipphof über Salinger-Übersetzung gelesen? Ich fand den Artikel außerordentlich sonderbar. Und heute lese ich nun im Spiegel, was Herr Szesny vom armen B.B. hält – na weißte.
[...]
Vielen Dank für die Bücher. Der Valéry gefällt mir besser als ich annahm. In den letzten Tagen habe ich aus Mangel an Lektüre nochmal die »Blechtrommel« durchblättert und war eigentlich sehr gelangweilt. Vor allem finde ich den Stil von Graß über hundert Seiten hinweg entsetzlich öd und flach und dumm, und gar nicht so kräftig u. horrend episch, wie man immer sagt.
[...]
Wenigstens komme ich zum Nachdenken, und überlege, was ich in nächster Zeit schreiben will etc. Je mehr ich allerdings über diesen Istanbul-Knacks nachdenke, desto rätselhafter wird mir manches; aber ich fange doch auch an, einige meiner Sprünge zu begreifen, und zwar an Hand der Schwächen meiner letzten Gedichte, ich hoffe meine nächsten werden entschieden besser, zum mindesten so

sachlich, wie ich meine Beziehungen zur »Welt« wünsche. All das klingt etwas töricht, aber vielleicht versteht ihr doch.
Was die Folgen dieser Sache sein werden, weiß ich nicht genau, abgesehen davon, daß ich natürlich sechs Wochen länger hier bleiben muß, was ja eher zu ertragen ist, denn wenn ich's erstmal bis März 68 geschafft habe, wird der Mai auch noch kommen. Ich nehme an, es wird eine Verhandlung wegen Dienstflucht geben und eine auf Bewährung ausgesetzte Arreststrafe – genau weiß ichs nicht. Vielleicht zahlen sie mir auch ein paar Monate nur halben Sold, oder irgendetwas der Art. Da ich ja letzten Endes freiwillig zurückgekommen bin, kann es nicht so schlimm werden. Im Grunde interessiert mich das alles nicht, ich denke stur an 68 und was ich dann tun werde.
[...]
Alles Gute Jörg

Rohrbach, Sonntag

Liebe Mammi, lieber Pappi,
[...]
Ich lese gerade zum ersten Mal in meinem Leben – von ein paar Gedichten abgesehen – den Rilke, nämlich: Aufzeichnungen des Malte Laurids Briggs. Ein Dichter, mit dem ich mich niemals sehr werde befreunden können. Ich finde ihn geradezu einschläfernd. Und das ist nun ein Malerroman!
Ausserdem habe ich gestern die neue »Zeit« gelesen, ich lege einen Abschnitt bei. In der Literaturseite steht ein Aufsatz von Herrn Fried über die neuen Grass-Gedichte und die Meinung des Herrn Härtling über sie. Fried zieht derartig über Härtling her, dass man sich über solche völlig enthemmte Vehemenz schon wundern müsste, wüsste man nicht dass Härtling in dem Vietnam-Elaborat den Fried sozusagen als Nichtskönner hingestellt hat. Das ist nun via Grass der Gegenschlag. Im Grunde sind diese Leute in ihrem ideologisch-ästhetisch-persönlichen Täterä doch ziemlich uninteressant. Ich kann mir schon den Härtling bei der Lektüre dieses Artikels vorstellen, sein fettes Gesicht glimmend vor Schadenfreude, denn Frieds Sprache hat etwas ausgesprochen Ledernackiges, geradezu unbeholfen und wüst. In der Sektion »Leserbriefe« ist Herr Fried auch vertreten, mit einem fast ebenso posaunenhaften Angriff auf Herrn Hildesheimer wegen dessen

Anti-Weiss-Brief. Warum lässt Fried die Leute sich nicht selbst verteidigen? Das ganze macht einen geradezu peinlichen Eindruck, als sei Fried so eine Art Pressechef der Linken oder Quasi-Linken Schriftsteller.
Mein Anarchisten-Skript hat mir nicht gefallen, jetzt schreibe ich es nochmal. Ich glaube es war auch etwas zu Pro-anarchistisch und das muss ich doch vermeiden.
[...]
Alles Gute und seid herzlich gegrüsst von eurem Jörg

31.3.[1967]

Liebe Mami + Pappi,
[...]
Ich schwelge in der Education Sentimentale – was für ein Buch! Gegen Ende wird es überhaupt atemberaubend, man spürt, sieht geradezu, wie Flaubert einen Gipfel nach dem andern meistert. Es geht von den Seiten eine solche Gewalt aus, daß man das Buch alle Augenblicke beseitelegen muß, um nicht zu schwindeln. Nun gut! Ich sitze auch und quäle mich mit meinen bescheidenen Sätzen ab, die mir immer bescheidener vorkommen. Außerdem bossle ich an ein paar Gedichten – ihr kennt sie, glaube ich, alle – die ich der Zeitung für Deutschland schicken will; es könnte ja sein, daß man dort dieser Art Gedichte wohler will als anderenorts (obwohl ich es letztlich bezweifle) aber immerhin – warum nicht?
[...]
Ich schließe, da ich noch Kaffee sowie die »Zeit« kaufen will. Alles Gute Euer Jörg

Den 11.4. [1967] Dienstag nachmittag

Liebe Mami, lieber Pappi,
[...]
Ja, gestern habe ich einen Krebs gesehen. Stellt euch ruhig etwas ähnliches wie Alis Lungenfraß vor, nur röter und fester, durch die Luftröhre geteilt. Der Krebs war handtellergroß, ein bläulicher Lappen, ekelhaft anzusehen, aber faszinierend, mit etwas wie Äderchen, Knorpeln, wie ein Schwamm oder ein Pilz, der sich in das Fleisch hineinfrißt, und man glaubte unwillkürlich, das Ungeheuer bewege sich leibhaftig.

Der Mann, dem sie die Hälfte seiner Lunge, in der der Krebs war, herausgeschnitten haben, ist heute schon durchaus wohlauf und wird vielleicht noch zwanzig Jahre leben. Es war eine Riesenoperation, fünf Stunden. Die Gesichter der Ärzte danach, als sie sich die blutigen Handschuhe abstreiften; der Geruch im Operationssaal nach Schweiß und Chloroform und Blut; das Blut überall, blutige Tücher, Instrumente, Hände, Tische, der Boden blutüberströmt, Blut sogar an den Türen; das war ein großartiger Anblick.
Aber sonst gibt es nichts Neues, außer einem Brief von Herrn Michaelis: meine Gedichte hat er »einem Kollegen vom Feuilleton« gegeben, ansonsten fragt er nach meinem Spezialgebiet (wegen Rezensionen). vielleicht wird es also etwas damit. Von den Frankfurter Heften nichts gehört. Das ist vielleicht ein Verein.
[...]
Ja, ich habe jetzt eine schöne Ausgabe vom Don Quichote, eine gute Übersetzung auch, so scheint es – ah! was für ein Buch! Na, für die nächste Zeit brauche ich sonst nichts zum Lesen. Was für ein Buch!
Den Frauenfunk habe ich total vergessen. Im übrigen zwacke ich mich mit meinen dürren Gedichten herum – sie werden immer dürrer. Bevor ich etwas andres schreibe (ich habe ein paar Kurzgeschichten im Kopf) will ich doch erst mal wenigstens soviel gute Gedichte zusammenbringen, daß man sie mal einem Verlag schicken kann, obwohl ich nicht glaube, daß ich dafür einen finden werde.
[...]
Alles Gute wünscht euch Jörg

Rohrbach,   Donnerstag

Liebe Mami + Pappi,
Neuigkeiten? Nun, Köln hat anscheinend das Disziplinarverfahren eröffnet, jedenfalls mußte ich aufschreiben, warum + weshalb. Ich habe es so hingedreht, daß es mir nicht viel schaden kann und auch auf Joos ein gutes Licht fällt – was ihn bestimmt freut.
Sonst immer der gleiche Trott. Wir haben einige Patienten, bei denen es auf der Kippe steht, ein Mann darunter; ein Arbeiter aus Darmstadt, mit gequälten, vom Tod erfüllten Augen, die ich so leicht nicht vergessen werde; sie verfolgen mich bis in den Schlaf. Vor unserem Oberarzt habe ich immer größeren Respekt; heute

sagte er, nachdem er alles Erdenkliche mit dem Mann angestellt hatte (was die arme Kreatur nur noch mehr quälte): Werden Sie bloß nie Arzt! Was glauben Sie, was für ein Gefühl einen überkommt, wenn man diesen Mann so schindet und beinah sicher weiß, es wird doch nichts helfen. Und muß sich dann noch fragen, tut man's nicht bloß der eigenen Eitelkeit zuliebe. Dabei ballte er die Fäuste und knirschte mit den Zähnen.
Einem andern hat er wahrscheinlich das Leben, das schon fast Sterben war, verlängert.
Es gibt im Moment soviel zu tun, daß ich abends wirklich hundemüde bin. Aber solche Eindrücke fressen sich natürlich in einen ein und lassen nicht los.
Neulich sah ich »Des Teufels General« im Fernsehen, ein Film mit Curd Jürgens (!!!) als General – na was für eine teutsche Scheiße. Ich konnte es nur mit Unterbrechungen ertragen.
Ich schreibe nicht viel, schlafe, arbeite, schlafe, arbeite. Und das Wetter ist recht gemischt. Und bei Euch?
Alles Gute Jörg

Heidelberg, 3.5.67

Liebe Mami + Pappi,
vielen Dank für Euren Brief. Ich höre gerade Bach, bei dem man sich nichts vorstellen kann – welch eine Erholung. Das Wetter ist mies, mit Spaziergängen ist es nichts. Die Arbeit frißt mich auf und ich schaffe täglich nur 1-2 Sätze. Von den »Frankfurter Heften« nichts, dafür eine kurze Mitteilung von Herrn Michaelis, er habe meinen Namen in seine Kartei eingetragen und werde sich »bei Gelegenheit« gern meiner erinnern. Am Freitag bekomme ich 2 Zähne gezogen. Außerdem bin ich mal wieder beinah pleite, mußte eine Plattenspielerreparatur (16 Mark) und meine Quartalsbestellung für den Bücherbund berappen. Such is my life!
Ich habe zwar Samstag + Sonntag frei, beabsichtige aber nicht zu kommen, da ich unbedingt schreiben will.
Bei all den Sterbenden bin ich an sich nicht so sehr erschüttert; der Tod ist eigentlich so erschütternd nicht, aber er fasziniert mich enorm. Ja, bei mir wird es

auch mit dem Schreiben immer schwieriger, und dabei habe ich noch nicht einmal den Fischer Verlag im Nacken!
[...]
Ich halte mich aufrecht – und wünsche Euch alles Gute, Euer Jörg

Rohrbach, Sonntag [Mai 1967]

Liebe Mammi, lieber Pappi!
Also, ich komme am Donnerstag abend so etwa gegen halb zehn im Burgfeld an. Aber könnt ihr mir bitte das Fahrgeld schicken, ich bin nämlich völlig pleite.
Ich lese immer noch die Tagebücher Graf Kesslers, die ja hochinteressant sind. Bleibender Eindruck unter anderem der, dass die sogenannten »Gelehrten« dieses Land in den Abgrund gerissen haben. Der deutsche Durchschnittsprofessor ein katastrophaler Menschheitstypus, und wenn ich an gewisse Herren von meinen alten Lehrern und auch Professoren, die ich kennenlernte, namentlich Historiker, denke, dann hat sich da nichts geändert. Im Gegenteil – wie radikal mutet einen das Bürgertum, etwa die Demokraten, von 1920 an, verglichen mit der FDP heute! Verglichen mit Mende oder Weyer oder Heuss, war Stresemann ja fast ein Bolschewist. Aber man bekommt wirklich eine gute Vorstellung der Zeit damals, man riecht und hört die Leute geradezu, gerade weil das alles so soigniert und ohne jeden Krampf geschrieben ist.
Ausserdem lese ich mein Bücherbund-Buch, »Lyrik des Ostens« – ah, was sind da für schöne Gedichte drin, wie ich die Chinesen liebe!
Meine eigene Schreiberei ist eine schauerliche Plackerei, ich komme zu überhaupt nichts anderem mehr, war wochenlang nicht in Heidelberg und bei dem schlechten Wetter nicht spazieren, das Essen hängt mir zum Hals heraus, ich bin wieder dünner geworden, auch weil ich kein Geld für Bier habe – aber kurzum, mein Tagesablauf ist so monoton, dass es mich manchmal erschreckt, ich komme mir bald wie ein Greis vor. Wenn dann wenigstens etwas dabei herauskäme! Aber ich brüte über einer Seite zwei Tage lang, und bekomme nichts so hin, wie ich es mir vorstelle. Ich bin völlig enerviert. Andererseits hat mich diese Sache so gepackt, dass ich damit fertig werden MUSS, sonst hänge ich mich auf. Und das alles, weil man in seinem täppischen Leichtsinn einmal ein paar dumme Gedichte hinge-

schmiert hat und davon träumte, Dichter zu sein – ja was, manchmal kommen mir vor Wut und Erschöpfung fast die Tränen.
Meine einzige Abwechslung ist das Fernsehen, ab und zu kommt mal etwas Interessantes (neulich eine an sich miese Sendung über Prag, aber mit sehr sehr schönen Bildern – eine ganz wunderbare Stadt, voller Melancholie, herzzerreißend, vor allem die Gesichter der alten Menschen), aber meistens bringen sie einen schauerlichen Mist, zum Beispiel eine Diskussion über Vietnam mit vorwiegend Schweizer Journalisten, die sich in unausstehlichem Schweizer Accent mit fetten widerlichen Schmergesichtern pfeifepaffend und weinschmatzend über die armen vietnamesischen Bauern ergingen – ein so widerlicher Anblick, dass ich fast hätte kotzen müssen und mein roter Schwabe mit seinem Schuh auf die Mattscheibe geworfen hat. Überhaupt hat das deutsche Fernsehen gerade in Bezug auf Politik ein unvergleichlich niedrigeres Niveau als etwa das englische, die Nachrichtensendungen sind so verzerrt und spiessig zusammengestellt wie die Lokalseite der Neuen Presse. Wie die Bildzeitung dazu kommt, dass jetzt noch das Fernsehen rot unterwandert sei, ist mir völlig unerfindlich, dagegen ist der BBC reinstes Radio Peking.
So kommt man immer wieder auf den Ekel zurück ... übrigens schrieb eine Dame der Frankfurter Hefte, entschuldigte sich, überging die Lasker-Schüler mit Schweigen, was mich in meinem Verdacht bestärkt, dass man die Kritik nicht bringen wird, aber sie schicken mir den Dylan Thomas ...
Also, ich höre auf – machts gut und für Mammi einen dicken Kuss zum Geburtstag und alles Liebe, Geschenk folgt – Euer Jörg

Ein Geburtstagsbrief ist das ja wirklich nicht, tut mir leid – ich mußte mich mal erleichtern.

Rohrbach, Montag, 29.5.[1967]

Liebe Mammi, lieber Pappi!
[...]
Uebrigens habe ich den Flaubert, anstatt ihn auf meinem Tisch liegen zu lassen, wieder – völlig unbewusst – in meine Tasche gesteckt; worauf deutet das nun hin? Ich lese mal wieder im »Licht im August«. Ausserdem flehe ich die Götter um Bei-

stand an, denn in Kürze werde ich mich zum drittenmal an den Roman machen, den ich letzten Mai anfing – ihr erinnert euch vielleicht noch an die darin beschriebene Reise nach London – und im September mit veränderten Akzenten ein zweites Mal begann; jetzt wird es noch ein bisschen anders werden, und dann, so hoffe ich, wird es sich vielleicht ein kleines bisschen so entwickeln, wie ich es mir nachts vorm Einschlafen oder tags beim Bettenmachen oder Spritzen-Putzen vorstelle ... kurzum, das Thema beginnt mich auf eine so erdrückende Art zu quälen, dass ich es mir endlich vom Hals schaffen muss. Ach, welche Mühsal, welches seelische Schwitzen, welche Plackerei in jeder Beziehung für ein Buch, das so gar kein Geniestreich werden wird! Wahrhaftig, ein metier triste ....
Aber mit Gedichten kann ich mir auf die Dauer nicht helfen, und wenn ich hier nächstes Jahr meine Zelte abbreche, will ich doch wenigstens ein Viertel des Buches fertighaben und das übrige so deutlich entwickelt, dass ich dann zügig weiterschreiben kann ...
Wie ich mich schon auf meinen alten Schreibtisch, Gott hab ihn selig, freue!
Und nun alles Gute von Eurem Jörg

Rohrbach, Freitag, 9.6.[1967]

Lieber Pappi!
Vielen Dank für die beiden Briefe. Du wirst lachen, letzten Endes geht mir ein Buch wie »Licht im August« (das ich gerade wieder lese und eigentlich für Faulkners bestes halte) doch mehr unter die Haut als der Ysenburger Altar, wenn man schon einen Vergleich zwischen ihnen zieht – was ich für wenig angebracht halte. Kommt es vielleicht daher, dass ein Bild immer etwas Endgültiges, für die Ewigkeit hingestelltes hat, während ein Buch an vielen Stellen offen ist, so dass man auf verschiedene Art und Weise hineindringen, also gleichsam eine Intimität herstellen kann, die bei einem Bild nicht so möglich ist? Ich weiss es nicht.
[...]
Du verkennst mich etwas, wenn Du glaubst, ich sei prinzipiell nicht am Erfolg interessiert. Oh nein. Ich bin auch durchaus bereit (und dabei), meine Ware so zu verpacken, dass sie nicht bloss fünfhundert, sondern fünfzigtausend Käufern lesenswert scheint. Da halte ich es etwas anders als mit meinen Gedichten; Gedichte sind sowieso uninteressant. Die Leute haben den Voelker ja auch nicht sei-

ner »Botschaft« und seiner Haltung wegen fertiggemacht, sondern wegen der Art, wie er sie erzählte. Da liegt der Hund begraben.
Die Araber tun mir leid. Da hat der Westen – westliches Training, westlicher way of life, westliche Strategie und last not least westliche Waffen – wieder mal über den altmodischen, gammeligen, chaotischen Orient gesiegt. Wo meine Sympathien liegen, ist klar. So sehr ich den Juden ihr Land gönne, so sehr ist mir ihr Staat und ihre Blubo-Art suspekt. Die Juden, die neue Herrenrasse des Orient! Und die armen Araber, die nicht wissen, wie ihnen geschieht!
Ja, die Deutschen und ihre Polizei. Wieso ein stiernackiger, wohlgenährter, im Judo ausgebildeter, bis an die Zähne bewaffneter Schupo nicht mit einer Handvoll bebrillter, ungeschickter, vergammelter Studenten fertigwird, ausser er greift zur Pistole, leuchtet mir nicht ein. Im übrigen kenne ich die Mentalität dieser Herren ja aus eigener zahlreicher internationaler Demonstrationserfahrung, und ich weiss, wie sehr dieses Pack danach lechzt, es diesen Intellektuellen mal ordentlich zu geben. Dass es der SDS zu nichts bringen wird, ist klar, steht aber auf einem anderen Blatt. Hier ging es ja um den Schutz, den der Schah bei uns geniesst, und der in Persien nicht grösser sein kann. Vielleicht engagiert er den Polizeipräsidenten von Berlin jetzt als kaiserlichen Oberwächter, da passt dieser Herr doch sehr gut hin. Bezeichnend auch, dass es sozialdemokratische Polizisten, sozialdemokratische Bürgermeister etc sind. Wie die Zeiten sich so ähnlich sind.
Viele herzliche Grüsse an Mammi und sei selbst sehr gegrüsst von Deinem Jörg

Ich komme, bis auf Widerruf, nächsten Donnerstagabend. Wäre für Fahrgeld (DM 10.00 reichen) sehr empfänglich.

Rohrbach, Dienstag, den 4.7.[1967]

Lieber Pappi, liebe Mammi!
[...]
Ich bin inzwischen auf Seite zehn. Ich packe in dieses Buch so ziemlich alles rein, was ich kenne, es wird ganz schön gepfeffert, und auf das Aufheulen aller vom Volkswartbund bis zur Horror-Kommune kann ich mich gefasst machen, sollte es je gedruckt werden. Auf jeden Fall – diesmal bleibe ich dran, und da das ganze ziemlich handfest ist und in einem Milieu spielt, das ich ja einigermassen kenne,

fällt es mir auch einigermassen leicht – ich brauche nicht zu fantasieren, wenn ihr versteht, was ich meine. Das enorm Schwierige ist bloss, dass es sich um einen Musiker handelt, und die Psyche eines Musikers mir ziemlich schleierhaft ist. Ausserdem muss ich irgendwelche Bücher über Jazz lesen, damit ich die Fachausdrücke etc. kenne.
[...]
Heute nachmittag habe ich frei und hoffe, bis Seite 13 oder gar 14 zu kommen – was für eine Schinderei, wirklich, bloß weil man in dem Wahn lebt, der Welt zwischen zwei Buchdeckeln etwas mitteilen zu müssen. Wahrhaftig, ich beneide die Maler, die Pop-Singer und die Hottentotten!
Nehmt meine herzlichsten Grüsse Euer Jörg

Rohrbach,   9.7.[1967]

Liebe Mammi, lieber Pappi!
[...]
Ich krebse mühsam an meinem Roman weiter. Am Freitag gab es im Fernsehen einen Dialog Harprecht – Böll. Harprecht ist das Endprodukt einer langen Ahnenreihe von schleimscheissenden Opportunisten, Böll machte einen sehr guten Eindruck, überlegen, mit einem traurigen, gütigen, manchmal komischen Trinkergesicht, er hat tatsächlich etwas irisches, bloss nicht deren Fantasie. Harprecht versuchte ihn bzw. seine Bücher zu interpretieren, und Böll musste ihm jedesmal sagen, aber nein, das haben Sie nicht verstanden. Der »Clown« sei eigentlich eine Liebesgeschichte. Er, Böll, interessiere sich nur für den Menschen. Er sagte auch, mit einem Hinweis auf Grass etc., man müsse den Menschen eines Romans wie den wirklichen Menschen eine Intimspäre zugestehen, über die man nicht schreiben darf so wie man darüber nicht sprechen sollte. Und im Bezug auf Politik könne er sich nicht für eine Partei einsetzen, die den Sozialismus verraten habe. Die kath. Kirche habe ihm viel gegeben, viele Impulse, die Liturgie etwa, die Gesänge, die Kunst. Er war wirklich sehr sympathisch, und völlig bescheiden und aufrichtig. Einmal beklagte sich Harprecht über die provinzielle Enge der deutschen Nachkriegsliteratur, worauf Böll Faulkner ins Gespräch brachte, den H. nur dem Namen nach zu kennen schien, H. ist wirklich das Letzte. Mehr darüber wenn wir uns sehen.

[...]
Das Schreiben ist deprimierend. Böll hingegen macht es Spass. Seit einigen Tagen habe ich ein unentwegtes Klopfen im Kopf, kein richtiges Kopfweh, nur so ein sachtesaber beständiges Tock-Tock-Tock.
[...]
Nun ja. Metier triste. Vie triste.
Also bis zum Samstag, ich schätze es wird so um acht sein – Euer Jörg

Rohrbach, Donnerstag

Liebe Mammi, lieber Pappi,
[...]
Die einzige Neuigkeit ist, dass ich gestern in »Blow up« war. Den müsst ihr unbedingt sehen. Ein ästhetisches Kunstwerk, eine wirkliche Meisterleistung, was Farbe, Form, Schauspieler betrifft. Natürlich kann man sich über die Tendenz des Films, nämlich dass er keine hat, streiten; aber als Film »an sich« eine grossartige Sache. Da wird man als Literat ganz bescheiden. Uebrigens ist mein Jazzspieler-Roman mit dessen Niederschrift ich heute nacht beginne, von der Thematik diesem Film verwandt. Was gäbe ich nicht für diese lateinische Klarheit! Wie verbiestert, säuerlich und verbohrt doch wir Teutonen sind. Dafür haben wir natürlich das Gemüt, und das hat Signor Antonioni nicht, Gott sei Dank nicht, denn mit Gemüt kann man solche Filme natürlich nicht machen.
[...]
Ich grüsse euch allerherzlichst Euer Jörg

Rohrbach, Montag [Juli 1967]

Liebe Mammi, lieber Pappi!
Vielen Dank für Euren Brief. Mit ihm kam der der Deutschen Welle. Ein Herr Berndt – Leiter oder jedenfalls Co-Leiter der Abtlg. Politische Dokumentation – schreibt mir: Herr Daum habe bisher vergeblich versucht, eine Anarchismus-Sendung über die »Konferenzhürden« zu bringen. Nun aber sei Anarchismus wieder aktuell, wegen gewisser Ereignisse in studentischen Kreisen, und er, Berndt, plane

eine Gemeinschaftssendung mehrerer Autoren über verschiedene Minderheiten; ob ich prinzipiell bereit sei, innerhalb dieser Sendung und für sie einen Beitrag über die Geschichte des Anarchismus von 1880-1900 (die Begrenzung auf diesen Zeitraum zeigt, dass Herr Berndt nicht viel Ahnung vom A. hat) zu schreiben? Er erbat sich umgehende Antwort, da er am 30. in Urlaub fährt (alle diese Leute von Verlag, Radio etc. scheinen immerfort in Urlaub zu fahren); danach lasse er mich wissen, ob die Sendung gemacht werde oder nicht. Ich habe ihm postwendend JA geschrieben. Falls es klappt, müsste ich das Manuskript bis Mitte August fertig haben, da es nur für 10 Minuten ist, kein Kunststück. Was bekommt man für 10 Minuten?????
Bei Temperaturen bis zu 36 Grad im Schatten steht das Strömen meines Schweisses im umgekehrten Verhältnis zum Strom meines Schreibens, aber ich sehe langsam das erste Kapitel meines Jazzspielerromans vor mir, das heisst, ich habe schon angefangen und bin auf Seite 3. Der Siebenschläfer ist mir zwar immer noch vom Thema her brisant, aber ich sehe doch ein, dass das, was ich bisher habe, von kurzen Stellen abgesehen, Stuss ist; und jetzt liegt mir halt dieser verdammte Jazzspieler im Magen und sonst wo. Es reizt mich vom Thema her, verdammt, wenn ich es so einfach wie möglich halte, könnte tatsächlich was draus werden. Ein Anfang!
Die Siebenschläfer-Sache ist mir einfach zu sentimental in der Tonart und zu gekünstelt in der Art der Erzählung. Was ich jetzt schreibe, soll im Stil ganz ganz einfach, so einfach als nur irgend möglich werden, dafür aber eine ganz handfeste Story mit Liebe, Totschlag etc pp.
Im Prinzip hast Du, Pappi, ganz recht mit dem, was Du über die solide Handwerksgrundlage und das Für-einen-Zweck-Schreiben sagst. Für den Film würde ich weiss Gott gern was schreiben, und wenns auch nur dazu wäre, um herauszubekommen, dass ichs nicht kann. Wenn ich je eine Gelegenheit dazu bekäme, würde ich sie wahrnehmen, vorausgesetzt, die Leute würden mir gefallen. Mit einem Mann wie Antonioni zusammenzuarbeiten wäre bestimmt etwas Grossartiges. Den Film müsst ihr euch UNBEDINGT ansehen, einfach weil es etwas derartiges nicht gibt, mir jedenfalls nicht bekannt ist, und eigentlich auch gar nicht wiederholt werden kann, einfach, weil es ein Stil ist, der aus diesem einen Thema und seinem Milieu heraus entwickelt ist – man merkt das ganz deutlich während des Films – und man eine Masche daraus gar nicht machen kann; die Deutschen werden es vielleicht versuchen, wie sie ja nichts unversucht und unbeschmutzt lassen

können, aber es wird von vornherein lächerlich sein. Und dazu hat der Film mehr Poesie als drei moderne Anthologien auf einmal, und mehr Grausamkeit als der ganze Weisssche Marat und mehr Sexualität, besser Sensualität, als zehn Blechtrommler. Wirklich, eine sehr gute Sache, auch mit allem Bedenklichen.
[...]
Sonst nichts neues. Alles Gute, euer Jörg

Rohrbach, Donnerstag abend [August 1967]

Liebe Mammi, lieber Pappi!
[...]
Uebrigens kam heute aus Köln das Ergebnis meiner Disziplinar-»Verhandlung«: ich wurde zu drei Wochen Ausgangsbeschränkung verurteilt. Thats all: Kommentar des Schwaben: wenn desch alles is, geh i au schtifte ... Es steht sogar nicht mal was drin, ob ich die Zeit nachmachen muss. Was sagt ihr dazu?
[...]
Alles Gute – viele Grüße – Euer Jörg

[Istanbul] 8-12-67

Liebe Mami,
ich weiß nicht, wie Du Dir das vorstellst – glaubst Du, ich könnte meine 50 oder 60 Mark Hotelschulden, und alles was ich dringend benötige – Essen, ein warmes Bad, saubere Wäsche, Medizin für meine Grippe, meinen Magen (all das ist viel teurer als Rauschgift) – von Frankfurt aus bezahlen? Nein – ich brauche das Geld schon hier, ich mag nicht wie ein Bettler aufs Konsulat gehen, Bettler bekommen keine Fahrkarten. Entweder Du schickst mir mein Geld – ich bekomme ja auch noch Geld von den FH, wenn die Kritik, wie versprochen, diesen Monat erscheint – oder ich vegetiere halt weiter. Wahrscheinlich haltet ihr mich – nach dem Spiegel-Artikel – für einen drogenumnebelten Hippie, aber ich bin's nicht und werde es nie sein. Wann die Polizei mich hier findet, sei dahingestellt. Ich weiß nicht, wieviel Geld die DW mir geschickt hat, ich weiß nur, daß ich es dringend brauche.

Wenn Du es schickst, tu es nicht per Postanweisung, sondern per Einschreiben – und vielleicht Expreß, denn auch hier wird es Winter.
Jörg

Istanbul, poste restante,   16.7.68

Liebe M & P, in diesen Tagen geht es mir wieder gut. Und die Helligkeit dieser Wochen, die heilende Klarheit dieses unsagbar hellen Lichtes erlauben mir, Euch heute zu grüßen. Darf ich den Gruß mit einer Bitte verbinden? Ich nähere mich dem Abschluß meines ersten Romanes, aber gerade jetzt zerfiel meine uralte Schreibmaschine, älter als die alte Orga zu Staub; ich brauche unbedingt eine neue, die etwa 150 Mark kosten wird, zuviel, als daß ich selbst alles aufbringen könnte. Vielleicht darf ich nun doch von Euch eine Beihilfe erwarten? (Nur, wenn irgend möglich ...) Ich freue mich sehr auf den Tag, an dem ich das abgeschlossene Manuskript an Euch addressieren kann. Ich werde mich bald ganz auf dem Land einrichten, teilt mir, bitte, so bald als möglich Eure Antwort mit.
Mit vielen Gedanken, Grüßen, Wünschen, Euer Jörg

P.S. Ihr braucht Euch nicht zu sorgen: ich lebe sehr arm, aber sauber, gesundend, mich entfaltend, manchmal glücklich.

Istanbul, poste restante,   31.7.68

Liebe Mami, lieber Papi,
Euren Brief habe ich vor einer Woche bekommen – am Tag, als hier der Sommer explodierte. Als ich morgens erwachte, war es nicht die glühende Sonne (ich wohne unterm Dach) oder irgendeine Katze, die mich weckte – es waren Schreie, laufende, hallende, rennende Füße, als ob die Gassen selbst um ihr Leben liefen – die aufgeregte Stimme des Patrons, die der Putzfrau zuschrie, da, dort seien sie jetzt – wer? Die Straßen voller Militärpolizei, Ketten, Riegel, Sperren, Kordons von Polizisten, mit langen Schlagstöcken, Schutzbrillen, Pistolen bewaffnet – mein Freund und ich kamen in der Mittagshitze, wenn sonst alles, auch die Häuser, und sogar der Rauch, sich vor Erschlaffung an die unsagbar heiße Luft des

Tages lehnen wie an eine ersehnte Wand, zum Postamt: aber die Stille dieser Tageszeit war aufgeladen mit knisternder Elektrizität, war wie ein unbekanntes, gefährliches Tier vor dem Sprung. Wir gingen zurück, es ist vom Amt bis in mein Hotel eine Viertelstunde hügelanwärts zu Fuß, und waren schon in der ersten Entladung – die Straße voll Tumult. Angst, Zorn, Schrei, Signal, Schlag, Gewalt, Sturzbäche von Leibern aus Gassen heraus, zu Boden, aufgelöst, irgendwoanders das Trillern der Offiziere, das Stampfen der Schaftstiefel, der Schock splitternder Glaswände, der gellende Schrei der Gefangenen, der Chor singender Unterdrückter.

Details: die metallenen Schilde der Spezialpolizei, als zögen die Kreuzritter durch die Straßen (und in wessen Kreuz?) (Ihr habt gewiß Fotos der CRS gesehen – die Istanbuler sind so ähnlich) – die Gesichter: Truppen aus den Ostprovinzen, leere, mongolische Augen unter dreieckig flachen japanischen Stahlhelmen; die Gesichter der Geschlagenen, blutend, ohnmächtig, verächtlich; die von Demonstranten. Mädchen und Jungen manchmal von 14,15 Jahren – oder alte, unrasierte, fanatische Kaderkommunisten mit einem Anflug orientalischer Gleichgültigkeit – die Gesichter von Polizisten, die um ihr Leben fürchten müssen, sich bewußt werdend, wofür sie es einsetzen (einmal beobachtet) – und die trägen farbigen bösen verkniffenen hämischen Gesichter der amerikanischen high society Touristen-Millionärs-Witwen, hinter den Scheiben eines Taxis, hinter den Scheiben der eingekeilten Panam-Busse, an den Fenstern ihrer Hotelzimmer – immer wie bei ihrem eigenen Begräbnis, zu den Salutschüssen der von ihnen für sie gehaltenen sechsten Flotte, deren Anblick einigen Menschen dieser Stadt so verhaßt ist, daß sie mit nichts anderem bewaffnet als Fahrradketten, Prügeln, Steinen, zerbrochenen Stangen, Flaschen oder Kinderspielzeug, in den Straßen, die sie bewohnen, einen Aufstand entfesseln, der sich von der ersten Stunde an nicht gegen seinen Anlaß, sondern in Wahrheit gegen die Ursache richtet, die diese Gelegenheit veranlaßt hat: die Regierung der Reichen; den Staat der Reichen; die Zukunft der Reichen. Was ihr in der Zeitung gelesen habt – wenn das alles überhaupt da stand – ich habe keine deutsche Zeitung in den letzten Tagen gelesen – beruht auf diesen Tatsachen: beim ersten Ausgang für die Marinesoldaten der 6. Flotte, abends, wurde ein türkischer Student bei einem Zwischenfall im Schwarzmarkt-Viertel der Slums von einem Amerikaner erschossen, dieser selbst von türkischen Unterwelt-Bewohnern getötet (einen der mitknallte kenne ich). Die hier sehr aktive marxistische Arbeiterpartei (eine nicht nur kommunistische, aber teilweise prochinesische Kaderorganisation) (die seit einiger Zeit vor allem bei den Studenten hier und in Ankara sehr rührig ist, von der herrschenden »Gerechtigkeits«-Partei jedoch verboten zu werden droht) nahm sofort die Agitation auf, die an vielen Mauern, Häusern, Brücken nun zu sehen ist: Ami go home (die Türkei heute eines der anti-amerikanischsten Völker, von einer der pro-amerikanischsten Regierungen ausgebeutet). Der amerikanische Geschäftsträger in Ankara sah keinen Grund, die Besuchszeit der Flotte abzukürzen. Die Hafenviertel wurden tags stark kontrolliert, nachts abgeriegelt. Bei folgenden Studentendemonstrationen wurde in der Nähe der Blauen Moschee, in deren Nähe auch ich wohne, abends ein Student von einem Polizisten erschlagen. Istanbul. Fall Ohnesorg. Der Trauerkundgebung schließen sich viele Arbeiter, Altkommunisten, Lumpenproleten und Schüler an. Man versucht, das Rathaus zu stürmen. Man redet von morgens bis abends, und nachts sind sie so in Rage geredet, brechen einen Knüppel aus einem Stuhl und rennen an gegen die bis an die Zähne und mit Gas bewaffneten Söldner der herrschenden Klasse. Die Hitze nimmt niemals, auch am Scheitel der Nacht nicht, ab. Die feuchte, tropische Schwüle, die Verachtung, Gleichgültigkeit, Trägheit, Naivität der Orientalen, die Gerissenheit und Grausamkeit der Asiaten: alles gibt dieser Woche eine Färbung ins Ungewisse, Verhallende, Fata-Morganische, ja fast Nicht-Gewesene hin, am Ende reibt man sich die Augen: war es ein Traum? Es war keiner. Die Zeitungen mögen es totschweigen, die Leute mögen es vergessen, die Toten reden nicht. Aber unterirdisch und unter der Haut, in den Hirnen, nimmt die Zahl der Parteigänger in dem Maß zu, in dem die Zahl derer abnimmt, die noch nicht wissen, was geschehen muß, um das zu ändern, was ihr Los ja nicht seit Allah und bis zum jüngsten Tage sein muß: der Schatten einer Clique, die das Licht besitzt.

Was ich hier und in all dieser Zeit gesehen habe, hat mich jetzt Konsequenzen zu ziehen veranlaßt. Wie durch Zufall habe ich in jenen Tagen jemanden kennengelernt, der mir sehr zu Nutzen sein kann, und es sind Pläne im Ausreifen, die ich heute und an dieser Stelle nicht im Detail vorwegnehmen will. Wenn alles gut geht, werde ich in einigen Wochen, vielleicht auch bis Oktober, dann gewiß, in Mitteleuropa sein. Auf jeden Fall habe ich einsehen müssen, daß der Roman, an dem ich schreibe, in vielem noch nicht so gut ist, wie er sein muß, um die beabsichtigte Wirkung zu haben. Aber an Willen fehlt es nicht, und die Kräfte nehmen langsam wieder zu.

Ich hoffe, irgendwann das Haus, die Wochen, die Ruhe, die notwendige Konzen-

tration und das bißchen Essen zu haben, um den ganzen Kram in einem Rutsch endgültig von 1 bis 157 hinzuschreiben – mehr als drei, vier Wochen bräuchte ich keinesfalls. Ich habe einen kleinen Koffer voller Manuskripte, soviele Fassungen sovieler Kapitel, daß es mir reicht. Aber im Moment bin ich wie gesagt am aufreibenden Plänedurchspielen. In zwei Wochen werden genauere Angaben zu machen sein. Von dem Geld, das euren Brief begleitete, habe ich guten Gebrauch gemacht, ohne mir die Schreibmaschine, die ich wollte zu kaufen (ich werde eine andere bekommen) – es gingen die Hälfte an die Revolution, die nichts wurde, und die Hälfte an das Hotel, in dem ich immer wieder wohne, das ich aber bald für immer zu räumen gedenke. Ich danke euch irgendwann auch dafür. (Diese Krakelschrift ist keiner Polizistenhand sondern lediglich Folge eines zum Tode verurteilten halbgelähmten modernen Schreibgeräts.) Ich lese gerade ein sehr zynisches, aber gutgeschriebenes Buch – von L.F. Céline. Die Verrottung einer einst bewohnbaren Welt wird darin ergreifend und ebenso verächtlich beschrieben, ich nehme an ihr kennt es.
Übrigens apropos Literatur – ein Bekannter teilte mir mit, ein höherer Besoldeter eines DER Verlage der BRD befürworte die Veröffentlichung in Buchform, der Gedichte, die ich bis letztes Jahr schrieb. Ich habe höflich gebeten, davon Abstand zu nehmen. Was als nächstes mit meinem Namen darunter gedruckt wird ist ein Roman oder die Todesanzeige, aber keine Lyrik. Nach dem, was Pappi da erlebt hat, muß man wohl eher Abstand davon nehmen seine Werke von deutschen Verlagen gedruckt zu bekommen, damit deutsche Verleger einen swimming pool für ihre Feriengäste davon erstatten können... dann zöge ich es noch vor, als einer der Berufsrevolutionäre mein Leben zu bescheiden, von denen man in der ausländischen Presse jüngst so wortreich wie ahnungslos berichtet. Wenn es nur darum ginge, ein Hilton nach dem andern zu sprengen, wie schön wäre diese Welt, wie wohnlich, wie friedlich! Die Nacht ist fast zu Ende, das Knie, auf dem ich schreibe, ist halblahm, ich höre auf, ohne abzubrechen, die Gedanken gehen weiter, adieu. Alles xxx Euer Jörg

P.S. Ihr hört wieder von mir, sobald ich Neuigkeiten zu berichten habe. Auf jeden Fall: ich überlebe weiter, zäh, beharrlich, irgendwie das Einverständnis meiner Väter u. Ahnen spürend .....

Berlin, den 26. März 69

Liebe Mami, lieber Papi,
da sich, wie ich höre, die Kommunikationslosigkeit zwischen uns in Spekulationen, Annahmen, Befürchtungen ausdrückt wie: ich lebte hier das Lotterleben verruchter Kommunen; ich spielte den Märtyrer für falsche Ideale, ständig unterm Gummiknüppel rotierend; ich sei schon so weit (implicite: heruntergekommen) daß eine saubere Unterhose keine Rolle mehr für mich spiele; und was dergleichen mehr ist; da solche extremen Gedankengänge aber nicht nur an mir, sondern auch an Dingen, mit denen ich mich da in einen Zusammenhang gebracht sehe, völlig vorbeigehen, halte ich es nun doch an der Zeit, Euch wenigstens zu versichern, daß ich keinen wie immer gearteten Märtyrer spiele noch zu spielen gedenke, daß ich völlig gesund und wie man so sagt, mit Leib und Seele guter Dinge bin und nach einer gewissen notwendigen Periode der Kontemplation nunmehr ziemlich aktiv auf das Ziel zusteure, in diesem Sommer eine Möglichkeit gefunden zu haben, zu publizieren und überhaupt publizistisch tätig werden zu können. Auf Einzelheiten einzugehen, wäre im Moment noch zu verfrüht, auch meines eingefleischten Aberglaubens wegen; bei der Vorstellung, die anscheinend die Eure ist, ich ginge hier vor die Hunde, muß ich aber doch lächeln, wenn ich auch natürlich weiß und dies in einem gewissen Maß jetzt bedaure, daß solche Vorstellungen notwendigerweise da wuchern müssen, wo die Kommunikation seit geraumer Zeit unterbunden und seit noch längerer Zeit ja erheblich gestört war.
Immerhin ist dies also ein erster Beitrag zu einer etwas befriedigenderen Möglichkeit der Verständigung.
Ich habe natürlich von dem Gerichtsurteil gehört und fand es sehr in Ordnung; da aber hier die Dinge noch nicht so weit - d.h. so günstig-gediehen sind daß ich über mehr bares Geld verfügte als ich notwendigerweise zum baren Leben brauche, sehe ich für mich momentan keine Möglichkeit, die 300 Mark, von denen die Rede war, zu überweisen, ich wüßte auch nicht genau, wohin eigentlich.
Es wäre vielleicht ganz gut, wenn Ihr mir die Einzelheiten dazu mitteilen und vielleicht sogar mit einer einmaligen Unterstützung dafür einspringen könntet.
[...]
Alles Gute, einstweilen, Euer Jörg

Göttingen, am 26.5.69

Lieber Pappi,
[...]
Kreta würde mir schon zusagen, glaube ich, oder überhaupt eine der Inseln – aber hier in Göttingen in der Norddeutschen Tiefebene unter Niedersachsen, Sauerländern und Heidekiefern schmelzen alle Namen wie Rhodos, Marrakesch, Timbuktu, Katmandu, Theben, Tanger, Tiflis, Lhasa, Acapulco, Bangkok, Alexandria, Bagdad, Täbriz, Shanghai oder Mekka zu einem zusammen, verwischen sich Geographie und Geldbeutel, am Ende ist man ganz verwundert, wenn morgens sogar die Sonne scheint, durchs Bullauge, durch die Ritzen sämtlicher mediterranen Träume die reale etwas abgelaugte und ihrer selbst nicht sichere Sonne der Tannen, Karstädte und biederen Tageblattleser ...
– Göttingen als Szenarium eines mittleren deutschen Miefs fasziniert mich enorm; der unverwechselbare Krankenhausgeruch unter den Röcken der veronal- und kalkgegilbten alten Frauen, die Atmosphäre des Verkrüppelten, die durch die Fachwerkgassen und über die Plätze geistert, über die nachts der betrunkene Sang der Korpsbrüder leiert, gestanzt mit den spitzen Schreien und Gesten der von Gottes bösen Engeln hierher verpflanzten Griechen oder Spaniern, diese Brackwasser, in denen die weißen Haare verschimmelter Professoren mit türkischen Furzen und dem Mörtel der verfallenden Kirchen zu einem Brei zusammenwachsen, aus dem im nächsten Jahr farblose Gänseblümchen sprießen werden – pssst! bald schlagen die Uhren Mitternacht, die Gardinen werden zugezogen, die spitzen Nasen legen sich zwischen zwei Wärmflaschen und den Postkarten der verschollenen, bankerotten, ausgebombten Jugend zur Ruh – der Wind schwappt Regen auf den Wall, wo zwischen Höfen und Gärten der Frühling Wurzeln zu schlagen versucht ... in den feinen Lokalen sitzen die Familien der habilitierten Krüppel und weiße Finger stochern, gespenstisch im weißen, pulvrigen Licht, das fette Fleisch von Tellern, die längst geleert sind – ich drücke diese Kippe aus und gähne: Gott gebe mir ein unfeines Leben!
Bis dann! und alles gottverlassene Licht der Welt! Dein Jörg

Göttingen, den 1. Juli [1969]

Lieber Pappi,
sehr vielen Dank für Deinen langen Brief. Ich sitze nun ab heute endgültig in meiner Stube unten, mit Blick auf Garten, Wäsche an der Leine, Nachbarshof- und Haus; ein paar Kinder, sonst Vögel, wenig Radio; grünes Gras; das Klo ist jetzt nur noch ein paar Fuß fort. Man steht zunächst in unsrer Kochnische, oder Korridor; dann geht die Tür auf, und da ist ein Bücherbord, am Bett entlang ein Teppich an der Wand, eine indische Göttin, um deren Hals sich eine Schlange ringelt, während der Mond weiß über weißen Bergen steht und auf die Heilige Kuh scheint, die sehr zufrieden ausschaut, mit dem Häkeldeckchen auf dem Kopf und der Glocke um den Hals. (Ein Plakat aus Delhi, natürlich.) Unter dem Fenster links, neben Waschbassin, Handtüchern, Rasierspiegel, der Tisch aus groben langen Brettern; da hat viel Platz, was man will. Die Uhr tickt, die elektrische Birne summt, eine Amsel schirpt; von ziemlich weit und sehr diffus wäscht irgendjemandes Radio leichte Musik.
[...]
Deine H. Miller-Enttäuschung – eine echte Enttäuschung sicher nicht – kann ich ganz und gar verstehen, teile sie auch, nach nochmaligem Blättern seiner rororo-Monographie, mit vielen Fotos und allen möglichen Zitaten aus sämtlichen Büchern, das Ganze höchst penetrant american-like, aufdringlich, mir nicht scharf, echt, tief genug; und sein Stil kotzt mich geradezu an. Aber ich versichere Dir lies Higgins, den mir Nadine schon sehr lange geradezu verkaufen hat wollen, den ich dann, mit Reserve usf., zu lesen anfing, und von dem ich jetzt, obwohl ich keineswegs das ganze Buch kenne, immer nur hier und da ein paar Seiten, mal ein Kapitel, doch ganz ungewöhnlich beeindruckt bin; vom Englischen her ist es der erste europäische – allerdings ist er Ire – Schriftsteller, der mich ebenso und stellenweise auf ähnlich imaginativ-eruptive Art fesselt wie Faulkner. Diesen Tibet-Tick habe ich übrigens Miller noch nie abgenommen, d.h. immer bezweifelt, ob Miller wirklich von Mongolengeist ist. Aber jeder hat eben seine Mache, was solls. Der Higgins, wenn er eine hat, läßt die Mache aber nie den Stoff beherrschen, sondern da ist eine ganz poetische und kraftvolle Wechselbeziehung zwischen Stoff und Sprache, wirklich sehr gut, besorg ihn bald, hoffentlich ist er gut übersetzt. [...]
Und wünschen Euch alles Gute Dein Jörg

München, den 20. August [1969]

Lieber Pappi, liebe Mammi!
Vielen, vielen Dank für den Brief. Mit dem Schreiben und der Inspiration und den heimlichen oder nicht-heimlichen oder unheimlichen Musen ist es so eine Sache; aber zu meinen, im Burgfeld fiele mir nichts ein, ist sicher nicht richtig. An jeder dieser verflixten Geschichten kaue ich ja doch erst mal still so in mir herum, bis ich anfange, zu schreiben; und an denen, die ich jetzt hier schreibe, habe ich schon eine ganze Weile gekaut. Sicher ist es vorteilhaft, daß ich hier Ruhe und keinerlei Obligationen habe und nicht solche Interessen, die mich Tag und Nacht in Trab halten; ich kann also einfach von mittags bis nachts – außer zu Mahlzeiten, »Drinks« einen Stock tiefer und Spazierengehen – an dieser Maschine hocken und mir was abquälen. Abquälen ist wohl das Wort, das im Moment am Genauesten trifft; wenn erst mal der Schwung der ersten Seiten vorbei ist, ist es wirklich eine ganz schöne Viecherei. Aber immerhin, eine Geschichte von 11 Seiten ist fertig (vielleicht muß der Schluß noch ein bißchen verändert werden), mit der zweiten bin ich jetzt auf Seite 17, sie wird wohl 20 Seiten lang werden, und dann habe ich, so wie das Ganze jetzt aussieht, zwei Drittel des Buches geschafft.
Dank für die Ausschnitte, die ich, wie sagt man, »berücksichtigen« werde. Ich hoffe aber doch, daß ich auch so einen Verlag finde.
[...]
Machts recht gut und viele, liebe Grüße Euer Jörg

München, den 2. September [1969]

Lieber Pappi!
Was soll ich zu Deinen Bemerkungen à pro pos Herrn Higgins sagen – das mit dem Sterben war mir eigentlich weniger aufgefallen an dem Buch. Natürlich hast Du recht, wenn Du sagst, daß noch der letzte pfeifende Atemzug Leben bedeutet, Leben ist – ich würde sagen, die Unterschiede zwischen Leben und Tod spielen da weniger eine Rolle als der Verfall (warum das Buch im Deutschen Verspäteter Sommer heißt ist mir schlechterdings unverständlich, im Englischen heißt es Langrishe, Go Down – und das umklammert das, was dann beschrieben wird, ungleich besser) – und ich fand, daß »Verfall« da eigentlich recht gut, recht aroma-

tisch, recht präzis beschrieben wird. Daß Mr. Higgins dem guten alten D.H. Lawrence eine ganze Menge abgelernt hat, ist unbestreitbar, daß er kein Faulkner ist, nicht dessen Symbolkraft hat, ebenso, und auch, daß das Buch zu lang ist – alles richtig. Trotzdem fand ich die Lektüre fruchtbar, einfach als Komposition, als reine Sprache, als – an manchen Stellen – pure Imagination. Nun ja, genug der Germanistik. Warum Du aber mich nun [...] in die Rolle dessen drängen willst, der »etwas davon versteht«, nur weil ich ganz zufällig auch bemüht bin, ein Buch zu schreiben, will mir nicht ganz einleuchten. Warum soll Dein Urteil nicht zutreffender als meins oder sonst wessen sein? Warum überhaupt »Urteile«? Und mir wird Angst und Bange davor, wenn man demnächst auch mich dann mit Faulkner, Burroughs (ein Ami der ein paar Meisterbücher über ähnliche Themen wie ichs jetzt grad unterm Nagel hab geschrieben hat) oder Gott weiß wem sonst noch vergleichen wird, denn natürlich schneide ich dann ganz mickrig und geradezu unanständig dabei ab – unanständig insofern, als ich mir anmaße, etwas beschreiben zu wollen, was a) andere viel besser beschrieben haben, und b) sowieso eigentlich niemand was angeht. Aber ich kann eben nicht anders als das zu machen, was für mich wichtig ist, d.h. das zu schreiben, was noch am ehesten für mich beschreibbar ist, auch wenn verschiedene Genies sich dann im Grabe herumdrehn müssen und eine Rotte Kritiker mich verhonepiepelt und eine ganze Masse von Leuten sagt – na, der hat ja wohl einen Klaps. Und warum willst Du auch unbedingt, wenn auch nur von Dir selber, hören, daß man – in dem Fall ich und Nadine – mit Deinen Bildern nichts anfangen könne, weil sie etc.pp. Warum glaubst Du mir nicht, wenn ich für mich sage, ich verdanke Deinen Bildern eine ganze Menge, sie leuchten mir ebenso ein wie Deine unablässige – gegen das Gefällige gemachte – Arbeit an ihnen, sie regen mich manchmal außerordentlich an, ich beziehe von ihnen und durch sie sehr viel Standhaftigkeit für das, was ich selbst machen will oder gerade mache, auch wenn auf den ersten Blick zwischen dem was Du malst und meiner Schreibe keine Beziehung bestehen mag, ich sage Dir, ich empfinde es jedenfalls so, daß da irgendetwas, irgendeine Beziehung besteht, wenn es auch nur Verständnis oder Anregung oder Wirkung oder was immer ist – ich jedenfalls habe von dem, was Du uns neulich zeigtest, noch eine ganze Menge, wo soll ich sagen – im Blut? in den Augen? im Solarplexus? im Groß- oder Kleinhirn? Warum nimmst Du es mir nicht ab, wenn ich Dir in ganz schlichten und zugleich pathetischen aber nichtsdestoweniger richtigen Worten sage, mir gefällt Deine Malerei nicht nur, ich habe mit ihr ganz direkt etwas zu tun?

Du machst Deine Sache nicht schlecht, sondern ihr gebührend – und das finde ich enorm viel und es würde mich enorm anspornen, wenn Du das selbe irgendwann von mir sagen könntest, was aber leider nicht so bald sein wird, da ich nur langsam und gegen den Strich mit der meinen vorankomme.
Immerhin bin ich jetzt so weit, daß ich sagen kann, dies oder jenes ist drin – das oder das aber nicht. Mein Buch wird bald so weit sein, daß ich es der Meute überlassen kann, sollen sie sich drüber hermachen, ich habe versucht, etwas zu sagen, wenn es jemand verstanden hat, um so besser. Ich werde weitermachen.
Verzeih diesen spontanen Ausbruch beim Lesen Deines Briefes, aber es ist jedenfalls das, was ich zu sagen hatte.
Was sonst?
Mir steht noch einiges bevor – Abtippen, Korrigieren, Verändern, usw. – ich werde weder leichter noch fröhlicher sein wenn es hinter mir liegt.
War nur ein paar mal spazieren oder im Kino, München gefällt mir nicht. Kino: da sahen wir einen alten Ami-Krimi nach einem Buch von Chandler, The Big Sleep, Drehbuch: William Faulkner, als Detektiv: Humphrey Bogart – ein sehr gut gemachter, intelligenter, tadelloser Film (er lief in Original und das war um so besser).
[...]
Alles Gute Mammi und Dir Euer Jörg

Groß-Lengden, den 7.10.[1969]

Lieber Pappi,
[...] Im übrigen dürfte es doch klar sein, daß ich, selbst wenn ich in Frankfurt wohnen sollte, nicht auf eure Kosten und bei euch leben würde. Ich bin ja wohl auch inzwischen in dem Alter, in dem man lieber seine eigene Bude hat, und ich fürchte, über kurz oder lang bekämen wir doch wegen meines Lebensstils, meiner Ansichten etc. Kräche, die wir besser vermeiden sollten. Außerdem habe ich manchmal gern Sex, rauche Haschisch und höre gern Musik, alles Dinge, die nicht in Betracht kämen, würde ich weiter bei euch wohnen. [...]
Ich finde es schade, daß Du nun mich in einen Topf mit Pornos wirfst, aber na gut; allerdings würde ich mich hüten, über Burroughs, dessen Bücher Du ja nicht kennst, zu urteilen. Ich selbst nehme weder Arrabal noch Pornos noch sonstwas

wichtig, aber Burroughs hat mich durch sein Werk überzeugt, deshalb nehme ich ihn »wichtig« – aber auch nicht so, um mich seinetwegen mit Dir zu streiten. Bin ich Künstler? Was ist Kunst? Keine Ahnung! Ich finde das Leben schon dunkel und schwierig genug. [...]
Alles Gute, von Deinem Jörg

[Oktober 1969]

Lieber Pappi!
Bei meiner Rückkehr finde ich einen unangenhmen Wisch des Heidelberger Amtsgerichts, das plötzlich, ohne vorausgegangene Mahnung, mich dazu auffordert, die zwei Monate im Knast abzusitzen, die zur Bewährung ausgesetzt waren; offensichtlich deshalb, weil ich statt 210 bisher nur 150 Mark bezahlt habe. Ich möchte diese leidige Sache nun endlich los sein, ein für alle Mal, und deswegen das ganze restliche Geld auf einmal überweisen. Dies aber haben wir nicht. Ich bekomme aber vom Hess. Rundfunk Ende November noch 250 Mark; könntest Du bitte mir jetzt 200 Mark vorschießen und sie mir schicken, und dann im November einfach mein Geld kassieren? Du verstehst, daß ich nicht jetzt, 14 Tage bevor das Buch zuende ist, ab in den Knast will. [...]
Vielen Dank! Und alles Liebe! Dein Jörg

Montag, den 26. Januar [1970]

Liebe Mammi, lieber Pappi!
Ich bin immer noch dabei, an meinem Manuskript rumzufeilen, umzustellen, zu streichen und zu ergänzen etc.pp. Demnächst will ich es dann an den Arche Verlag auch noch schicken, warum nicht. Leider höre ich weder von Hanser noch sonstwem, auch Herrn Kuntze rein gar nichts, obwohl ich ihm schon vor längerem nochmals schrieb.
Was Du über diese Schnee-Geschichte schreibst, Pappi, stimmt natürlich, ich habe dem nichts hinzuzufügen, es ist mir, was ich wollte, nicht geglückt. Ich bin ja auch eigentlich beim Prosaschreiben noch immer sehr, sehr am Anfang, weiß nur ungefähr, spüre es manchmal, wohin ich dabei gern käme, aber ich weiß, um ein-

mal das zu schreiben, was mir im Innern noch unausgereift drin liegt und manchmal heraus will – unter heftigen Krämpfen, na ja Du weißt wovon ich spreche – kurz, ich werde noch lange, lange brauchen, wenn ich irgend wann auch nur ein bißchen von der Wirklichkeit, die ich erlebe, darstellen kann. Vorläufig ist alles nur immer noch Tasten, Tasten, und Probieren, Probieren. In mir gärt und rumort es gewaltig, will heraus, weiß kaum wie. Das ist manchmal nicht angenehm, weil dann auch die sogenannte Realität ins Schlüpfen und Knirschen gerät. Ach, das Schreiben ist wirklich eine vermaledeite Sache, das schlimmste eigentlich, daß ichs nicht lassen kann und es mich dauernd juckt und juckt ...
Sonst gibt es nichts Neues, außer daß Nadine vielleicht – wie ich glaube sogar ziemlich wahrscheinlich – doch die Chance hat, in München angenommen zu werden. Das heißt, wir rechnen mit der Möglichkeit, im Frühjahr die hiesigen Gefilde zu verlassen. Da wird es dann sicher gut sein, wenn ich vorher schon mal nach München fahre um mich der Frau Dr. Schmidt vorzustellen.
[...]
Einstweilen alles Gute, seid umarmt von Eurem Jörg

Göttingen,   Mittwoch den 4.2.70

Lieber Pappi!
Ich will versuchen, so gut wie möglich auf alles einzugehen, was Du in Deinem Brief angeschnitten hast.
Ich hatte gar nicht vor, für etliche Wochen nach Frankfurt zu kommen. Vor Mitte März werde ich ohnehin nicht kommen. Ich habe hier ab nächsten Montag für 2 Wochen einen Job, nicht in der Aluminiumbranche, weil die inzwischen umorganisiert haben und in der Abteilung nicht zu jobben war, dafür als Aushilfe in einem Buchladen, Listen schreiben etc. Danach möchte ich für ein paar Tage nach Berlin fahren, ich habe noch einen Rückflug von Hannover frei und will mich nach meinen Bekannten umsehen. Ich würde also irgendwann Mitte März für ein paar Tage nach Ffm kommen, danach vielleicht Nadine in München abholen: sie geht für 14 Tage in eine Nervenklinik bei Darmstadt, ihre Pflicht-Zeit ableisten. Mitte April wird es sich dann entscheiden, ob sie nach München an die Uni kommt. Allerdings gehe ich selbstverständlich mit Nadine nach München, sollte sich dies ergeben. Ich glaube auch, daß die Chancen, Geld zu verdienen, dort letzten Endes besser

sind als hier in diesem Kaff. Ich habe nicht den Eindruck, daß Frau H[...] mich noch immer für einen Schmarotzer hält. In den letzten Monaten habe ich über 1300 Mark verdient. Es ist mir allerdings auch vollkommen gleichgültig, ob und wer mich für einen Schmarotzer oder was immer hält. Ich lege auf die Meinung anderer Leute im Hinblick darauf, was ich bin oder nicht bin, keinen Wert, auch wenn es Nadines Mutter ist. Mir ist vollkommen klar, daß ich weder für normale Mittelklasse-Horizonte noch für etwelche literarischen Kliquen noch überhaupt für irgendwelche Gruppen, Vereine, Normal- oder auch Nicht-Normal-Verbraucher akzeptabel bin, sondern ein Parasit, Asozialer, Deserteur, Rauschgifthändler und Zuhälter, Faschist oder Bolschewist, kurz immer das sein werde, was den Leuten nicht paßt. Es interessiert mich aber nicht. Solange ich die Dinge so mache, solange ich so lebe, daß ich nicht mit den zweieinhalb bis drei Prinzipien, die ich bis jetzt für mich als akzeptabel erfahren habe, kollidiere, sind und bleiben mir Ansichten anderer über mich und mein Leben gleichgültig. Und mit Leben meine ich das Leben, das ich, und niemand sonst, lebe: es braucht sich keiner nach mir zu richten. Und ich lebe so wie es mir paßt. Das tust Du schließlich auch. Ich denke nicht daran, mich an irgendwelche Richtlinien, Prinzipien, Leitsätze, Ethiken etc.pp. zu halten, die nicht die meinen sind: außer man zwingt mich mit vorgehaltener Pistole dazu, und auch dann gibt es einen Punkt, wo gehalten und dann eben abgeknallt wird. Mir egal. Ich unterscheide nicht zwischen heiklen Pflastern und anderen, nur zwischen solchen, die ich gehen kann und will oder nicht. Und natürlich gibt es solche, auf denen man gehen muß; aber im Schutz der Dunkelheit auch die Möglichkeit, sich dünn zu machen.
Ich wüßte nicht, was das mit Erpressung zu tun hat.
Ich halte es viel eher für Erpressung, freilich sublim, sublim! wenn die Verhältnisse mich dazu zwingen sollten, meinen Nacken zu beugen und mich mit Leuten zu liieren, um von ihrem Gutdünken was meine Arbeit anbetrifft abhängig zu sein, Leuten, die ich nicht mal als Tischnachbar in der Kneipe an der Ecke goutieren würde. Aber das alles kennst du ja, hast Du zur Genüge mitgemacht; und Deine Haltung, auch wenn sie, ja gerade weil sie Dir einen Dreck einbringt, respektiere ich.
Im übrigen brauche ich so wenig zum Leben, daß es immer Möglichkeiten geben wird, mich über Wasser zu halten, auch wenn ich so bald niemand finde, der das, was ich schreibe, drucken will. Ein paar Leute, auf deren Meinung ich mehr gebe als auf die irgendwelcher »gemachter« Literaten, erkennen in dem, was ich

schreibe, sich oder ihre Welt oder ihre Halb-Welt oder was immer, wieder, ermutigen mich, so weiter zu machen; das genügt mir. Ich weiß, irgendwann werde ich gedruckt und gelesen. Wie ich durchkomme, ist meine Sache, solange ich anderen nicht all zu sehr auf den Wecker falle oder auf der Tasche liege. Und es gibt Gegenden, wo ich von einem Drittel von dem leben kann, was ich hier brauche. Wo ich völlig für mich sein kann und schreiben kann, was mir paßt, wie es mir paßt, wann es mir paßt. Wo mich niemand nach woher und wohin fragt. Es beruhigt mich, dies zu wissen. Im übrigen habe ich ein starkes Bewußtsein von dieser meiner Zeit, meinen Möglichkeiten in ihr, mich zu verwirklichen; und ein halbes Dutzend Leute, mit denen ich über Jahre verbunden bin: meine Generation. Ich schreibe nicht für die Toten.

Ich bringe auch übrigens meine Tage nicht damit hin, an meinen alten Sätzen herumzubosseln. Ich habe die Hälfte des ursprünglichen Manuskripts seit Oktober herausgeschmissen und dafür völlig neue Sachen geschrieben; diese Woche schließe ich das Buch für mich endgültig ab. Aber ich gebe Dir völlig recht: die Kunst ist tatsächlich vollkommen überflüssig geworden und auch unbrauchbar. Aber das kann mich nicht am Schreiben hindern, ich lebe nicht in dem Gefühl, Kunst zu produzieren oder nach ihr zu streben: Da ich nun mal lebe, lebe ich halt: aber wichtig ist auch das auf keinen Fall.

Viele Grüße und Wünsche für heute – und Gesundheit. Dein Sohn Jörg

Göttingen, Sonntag, den ersten März [1970]

Liebe Mammi, lieber Pappi!
Ich wollte schon ein paar Mal anrufen, auch um zu hören, ob das Burgfeld schon unter Wasser steht, eigentlich aber, um zu sagen, daß mein letzter Brief, so deprimierend er sicher zu lesen war, halt Produkt einer Stunde der blinden und tauben Verzweiflung und Verdüsterung war, und nicht eigentlich dem entspricht, was mein Leben und auch meine Gedanken und gelegentlichen Zukunftsvorstellungen und mich überhaupt in dieser Zeit erfüllt und ausmacht. Ich ließ es dann sein, mit dem Anrufen, weil man so was ja nicht schnell in der Zelle mit den Groschen in der Hand und den Wartenden im Schnee sagen kann, und da Ihr auch nicht antwortet bis jetzt, nehme ich an, Ihr habt es gleich richtig proportioniert empfunden und darüber hinweggesehen.

Dem März Verlag, dessen Programm meine Arbeit nicht entspricht (in Berlin werde ich, ich nehme es an, hören, daß der, der mich damals an März empfahl, inzwischen mit dessen Chef nicht mehr intim ist – ich hörte Dinge in dieser Richtung von einem hiesigen Links-Literatur-SDS-Gschaftlhuber), folgten nun in dieser Woche Hanser und Die Arche. Der Lektor bei Hanser, der laut Bienek »immer weiß woher der Wind weht und die beste Nase im Geschäft hat«, teilt mir mit, er habe das Manuskript gelesen und begreife nicht, woher der Drang komme, Erfahrungen dieser Art aufzuschreiben – »da ziehe ich doch den Rausch selbst vor«. Sein gutes Recht: wer eine Erfahrung so erlebt, daß er nichts erlebt, fragt sich natürlich, warum andere so viel davon her machen. Interessant war aber seine Mitteilung, in diesem Buch werde grundsätzlich nichts neues gesagt und es unterscheide sich kaum von den anderen seiner Art. Kurzum, es lohne sich nicht, das Buch zu drucken, da ja genug der selben Sorte bereits erhätlich sind. Ich war und bin wirklich perplex: Mir ist kein einziges Buch in deutscher Sprache, sagen wir seit zehn Jahren, ob Roman, Erzählungen, Gedichte, bekannt, das all das vorweg nahm, was ich schrieb. Es gibt, ich weiß, eine Schar Jung-Schreiber, die auch Hasch-Poeme und LSD-Collagen machen, aber keiner von ihnen ist über Imitation der bekannten Beat-Amerikaner hinausgekommen, und jede Zeile die ich schreibe und vor allem was ich beschreibe und in welchem Rahmen und mit welchen Intentionen, ist all diesen Gelegenheits-Kritzeleien und Modeleien der mir bekannten dieser Autoren diametral entgegengesetzt: um es grob zu sagen, was denen einfällt, wenn sie sich daran machen, eine Haschisch-Intoxikation zu beschreiben, liest sich für mich so banal und oberflächlich und unseriös, daß man eben merkt, wie wahr die Weisheit ist, daß nichts geweckt werden kann, wo nichts ist; und ich begreife nicht, wie man derlei – wie gesagt, ich kenne sonst nichts darüber auf Deutsch – billige Attitüden und billigen Umgang mit der Sprache, die angeblich eine »halluzinative« Erfahrung beschreibt, vergleichen kann mit dem Tenor und der Grund-Haltung dessen, was ich beschreibe; was immer man diesen Texten vorwerfen kann – eine Menge, ich weiß – eines jedenfalls sicher nicht: daß ich mir nicht darüber im klaren wäre, daß es um eine überaus ernste Sache geht, solche Erfahrungen auszubreiten: daß ich nicht immer und durchgehend versucht habe, eine Sprache zu finden, die lieber an der Trauer und dem Ekel und dem vollkommenen Alleinsein dieser Vorgänge und Träume und Visionen, an der immensen Schwierigkeit, dies plastisch zu machen, bildhaft, direkt, die lieber mit Volldampf an fast allen Ecken kolliert und ins Rutschen gerät, als mich ir-

gendwo einzulassen auf eine fröhlich rosa Knautschlack-Sprache und Erzählung: und wem nicht aufgeht am Schluß, daß ich alles andere als Literatur-zum-Tag zu machen im Sinn hatte sondern einfach mir eine Sprache erobern wollte, um was ich erlebte mir was wert zu machen, und daß ich diese meine Sprache an manchen Stellen wirklich selber spüre: und daß ich, um auch das noch zu sagen, dieses Thema, von dem ich ja ahnte daß es en vogue kommen werde, von Anfang an mit allem Ernst und aller Vorsicht und aller Dunkelheit die es ausmachen, anging, daß ich in Versuchung war, um es ja verkaufen zu können, Obszönitäten und/oder andere derzeit gefragte Sachen mit einzubauen, und dies aber in dem Augenblick nicht mehr konnte, als ich anfing, zum ersten Mal in meinem Leben mich voll zu identifizieren mit etwas, das ich selbst, ich alleine gemacht hatte: ab da versuchte ich nur noch, mir und das heißt ja auch meinen Erfahrungen treu zu bleiben, und wie miserabel auch von allen Standpunkten aus das Buch sein mag, ich habe, als Nadine mir die letzte Zeile diktiert hatte und ich noch ein Wort änderte und den Satz hinschrieb, zusammen mit dem Gefühl des Scheiterns auch ein Gefühl gehabt, das ich erst jetzt kenne: Eine Art Erlösung darüber, daß ich nicht umgefallen bin, nicht kaputt gegangen, nicht aufgesteckt habe, und jetzt vielleicht beginne, mir meine Zeit einzulösen ... ich bin sehr abgekommen: dieser Herr von Hanser also findet das alles der Mühe nicht wert. Wie soll ich ihm klar machen, daß es vielleicht schlecht oder unverkäuflich oder banal ist, aber mir meine Mühe wert? Er habe sich auch mit Herrn Bienek abgesprochen: er empfehle mir den Melzer Verlag. Als ob ich ein mieses Quentchen trivialer Pornographie-Imitation gemacht hätte. Der Ton dieses Schreibens war nachgeradezu derart von oben herab (dieser junge Herr ist so alt wie ich), besserwisserisch und arrogant (Gott lieber Freund, wie fad, wie fad!), daß es mir zuerst unbegreiflich vorkam – warum diese bemühte Blasiertheit, woher diese imponieren wollende Überheblichkeit – was für armselige Menschen, die ihr Portiönchen Macht für die beste Idee halten, die ihrem Schöpfer (den sie natürlich leugnen, der Ambivalenz seiner Position wegen) seit Urzeiten kam. Wir sind wer! Was, du bildest dir ein du wärst auch wer? Fräulein, Diktat.
Und dann nolens volens das MS von der Arche zurück samt Schreiben der Frau Dr. v. Wiese. Diese meint, ich hätte mir da wohl zuviel zugemutet. Auf der einen Seite fehlt ihr die Zucht, auf der anderen die Wortgewalt. Natürlich, an manchen Stellen, da ist alles da; aber das Thema hätte ich wohl besser sein lassen. Für Die Arche ist es nicht das Richtige. Sie schreibt: nicht druckreif. Aber sie sagt mir

nicht, machen Sie sich noch mal dran, züchtigen Sie Ihr Material – dann sind wir vielleicht geneigt es zu drucken. Nein. Wenden Sie sich doch woanders hin. Immerhin, ich hatte ohnehin nicht die mindeste Hoffnung, ausgerechnet dieser Verlag sei interessiert, und die Dame hat wenigstens höflich geantwortet. Daß sie damit nichts anfangen kann, ist ihr gutes Recht. Darüber rege ich mich nicht auf, das geht in Ordnung. Aber eine solche lässige Bemerkung wie »das machen andere doch tagtäglich so gut, davon haben wir die Schnauze voll, da lesen wir lieber ... oder berauschen uns selbst ...«, sowas hebt irgendwo irgendwas aus den Angeln: vor allem wenn man selbst ja niemand kennt, der es dauernd besser macht; und auf den einzigen Romancier, der mit diesem Thema – eingebettet in eine gewaltige Beschreibung und fantastische Satire der Gewalt- und Grausamkeit einer bis ins letzte manipulierten und mit allen nur denkbaren Arten von Abhängigkeit – Drogen, Sex, Gewalt, Geld etc – gelenkten Science-fiction-Welt, die man dann schaudernd als präzise Beschreibung der ganz realen heutigen erkennt – auf den Amerikaner Burroughs also kann er sich unmöglich beziehen; von dem habe ich eine Menge gelernt, aber den nachzuahmen, selbst wenn man es wollte und es wollen viele – ist unmöglich, der ist so singulär mit diesem Buch – seine anderen sind alle schwächer, artifizieller – wie Swift oder Poe oder wer immer: wen also ahme ich da nach ohne zu wissen daß es denjenigen überhaupt gibt??
Diese Absagen und vor allem der Tenor von Hanser waren natürlich ziemlich deprimierend, und wenn ich nicht ohnehin darauf verzichtete, Kunst machen zu wollen – Herrgott, ich mag einfach schreiben und ich habe eine Vorstellung von allem möglichen was ich machen will aber es sieht nicht so aus, als ob irgendeiner von denen, die die Macht in diesem Geschäft haben, mit dem was ich schreibe was anfangen könnte. Aber lieber gehe ich mit mir selbst in Übereinstimmung meinen Weg, so schwer der auch sein wird, als mit solchen Leuten Kompromisse zu schließen und Porno oder Mao oder sonstwas zu verherrlichen. Ich weiß was Ihr beide jetzt denkt, wovor ihr mich ja immer habt bewahren wollen: glaubt mir, ich schlage das nicht in den Wind, wenn die Gelegenheit kommt, will ich gerne für Zeitung oder sonstwen Lohnarbeit machen (wie gerne würde ich Reiseberichte schreiben!), aber ich kann diese Arbeit, die der Anfang meines Selbst-Begreifens und zudem die Frucht dieser so unsäglichen Jahre ist, nicht einfach nach dem Belieben eines jeden Lektoren mal so oder mal so schreiben. ICH habe diese Dinge SO geschrieben; ich wäre so gern bereit, auf Kritik zu hören, und bereit, mich einzulassen auf fundierte Überlegungen von Leuten, die mir wirklich meine Absich-

ten und Impulse abnehmen und nicht von vornherein die Achsel zucken – nie gehört, kommt nichts her. Nadine hat mir geholfen, Ihr habt mir geholfen, und wenn Euch eine Stelle schief vorkam, habe ich immer überlegt, versucht, verändert. Und wenn Pappi mir den Dialog nahelegt dann weiß ich genau was er damit meint und weiß ja auch selbst, was ich mir noch alles erarbeiten muß, um größere, tiefere und überzeugendere Sachen zu schreiben. Aber so sehe ich mich einer Wand des Desinteresses und der Besserwisserei gegenüber, deren Kälte mir natürlich nicht die Feder aus der Hand nimmt – soviel Sicherheit habe ich jetzt – aber mich doch daran zweifeln läßt, ob es Sinn hat, diese Arbeit, an der ich mehr hänge als ich mir selbst zugestehe, irgendjemand aufdrängen zu wollen. Natürlich, da dieser Herr von dem Mami schreibt nun schon von mir gehört hat und da dies alles ja sehr nett und gutgemeint ist, werde ich auch dorthin meine Seiten schicken, aber ich verspreche mir nichts davon.
Ja, jetzt, da Nadine fort ist, wird es mir klar, wie eng unser Verhältnis geworden ist, trotz aller Schwierigkeiten immer wieder – ich habe nicht annehmen können, wie tief die Zuneigung zu einem Menschen reichen kann, und wie sehr einen selbst die Liebe des anderen berührt, verändert, was da alles geöffnet wird und wie man es erträgt, das, worin man immer allein ist und sein muß, dort, wo jeder von jedem getrennt ist, mit dieser Seltsamkeit, dieser Liebe die so kläglich und großartig zugleich ist, so intensiv und mächtig zu erfahren ... Ihr seht, ich lebe so gern wie nie zuvor, und es ist anders als alles andere.
[...]
Es umarmt Euch Euer

Göttingen,   Freitag den 13.3.70

Liebe Mammi! Lieber Pappi!
Doch, Brief und Geld habe ich erhalten, vielen Dank. Im Halbschlaf fielen mir vorgestern eine Unmenge Frauen ein, über die ich für den F.F. schreiben könnte, aber nächsten Tags hatte ich sämtliche Damen komplett wieder vergessen. Aber sie werden mir schon wieder einfallen. Was den Winter betrifft, so habe ich zwar keinen Zementboden, aber in der von mir gemieteten Bude fror ein paar Mal das Wasser ein, fällt regelmäßig der Strom aus, wächst der Pilz aus dem darunterliegenden Keller über die dünnen quasi Pappwände, und da das ganze sowieso nur

mit einem ebenfalls regelmäßig versagenden elektrischen Heizofen (bei dem von Anfang an nur die Hälfte funktionierte) zu heizen ist, mußte ich die meiste Zeit hier oben bei Nadine nicht nur schlafen, sondern auch arbeiten, was infolge der enorm schrägen Wände und niedrigen schiefen Decke (bewohnbar nur für Personen unter 1,65 m, am besten Zwerge, Spinnen und Mäuse) sich am Ende irgendwie auf meine Meinung bezüglich des Lebens in Schlössern und ähnlich großzügigen Quartieren ausgewirkt hat ... wahrscheinlich gibt es Massen von Gastarbeitern, die in ähnlichen Quartieren nicht zu zweit sondern zwanzig wohnen und nicht 55 sondern 550 Mark zahlen, deshalb bin ich im Allgemeinen nicht sauer darüber, aber doch froh, daß wir, wenn wir hier bleiben, das Häuschen bekommen, wo man sogar aufrecht drin stehn kann.
Grund zum Heulen gibt es keinen, und es wird sich auch nie was ändern, also gibt es auch keinen Grund zum Juchhu, das sage ich seit längerem allen, die mich danach fragen; sehr beliebt werde ich freilich nicht damit. Allerdings lege ich auch keinen Wert darauf, beliebt zu sein, wenn ich nur Erfolg hätte! Hängt das eine mit dem anderen zusammen? Müßte ich also netter, lieber, amüsanter und charmanter sein, um bei Presse, Funk und Literatur zu reüssieren?
Na, wenn wir nach München ziehen, werde ich ja mehr als bisher Gelegenheit dazu bekommen, Männchen zu machen und nach Zucker zu schnappen. Das wird mich nicht daran hindern, weiter so zu schreiben, wie ich es für mich für richtig halte.
[...]
Vor allem wünsche ich Euch Gesundheit und Sonne! Herzlichst Euer Jörg

Göttingen, den 7. April 70

Liebe Mammi, lieber Pappi!
Vielen Dank für den Brief.
Ja ja, ich weiß genau, wie Du den Twen-Artikel schreiben würdest, charmant-pfiffig-überlegen-routiniert; da ich aber von Natur aus weder charmant noch pfiffig noch überlegen und in der Sache nun schon gar nicht routiniert bin, fällt mir das nicht SO leicht, wie es Dir leichtfallen WÜRDE, WENN ... trotzdem habe ich die Sache bald fertig, keine Bange, nur eben auf meine Art, anders kann ich nicht, das habe ich probiert, aber da wird nichts draus ...

[...]
Ach ja, Probleme kommen, Probleme gehen, such is life; von einer gewissen Art Fatalismus kann man nur profitieren, um nicht gänzlich den in Schwange stehenden Neurosen zu verfallen.

Meine bevorzugte Lektüre waren und sind ja Reisebeschreibungen. So erfuhr ich zum Beispiel jetzt den Ursprung des Namens Konya, eine Stadt in der anatolischen Türkei, zu der ich schon immer wollte, da sich dort das Zentrum des Derwischordens befand (und insgeheim wohl auch noch befindet): nach der Sintflut befahl Zeus dem Prometheus, Bilder – »Ikonen« – anzufertigen, und zwar aus Lehm; wenn der Wind sie anblies, wurden sie lebendig und so wurde Konya zur ersten Stadt der Welt nach der Sintflut.

Wenn Twen gut zahlt, schreibe ich nur noch für Geld; solche Lehren ziehe ich jedenfalls aus der Tatsache, daß ich ein Buch geschrieben habe, das mir wahrscheinlich nichts einbringen wird, obwohl es sicher besser ist als zehn solcher Artikel, und dessen bisher einzige Promotorin eine neuritisch politisch übergeschnappte Person wie die ehem. K[...] ist, die m.E. keine einzige Zeile in dem Buch lesen kann, ohne sie auf völlig ungehörige Art zu interpretieren ... überhaupt, was kommt schon dabei heraus, solche Bücher zu schreiben, bestenfalls eine persönliche Erleichterung, sonst nichts.

Na ja, ich bin sicher, daß ich irgendwann viel Geld verdiene, nicht, weil einem das gefällt, was und wie ich was schreibe, sondern weil ein gewisses Publikum Leute braucht, die Erfahrungen machen und sie hinterher denen, die nach Erfahrungen aus zweiter Hand dürsten, weil sie kraft eigener Leere nicht dazu fähig sind, verkaufen; das gab es immer und gibt es weiterhin, und zwar immer mehr.
[...]
Grüße und Wünsche, wie immer Euer Jörg

Groß-Lengden, am 1. Mai [1970]

Liebe Mammi, lieber Pappi!
...

Mit meinem Bekannten bei TWEN habe ich gerade telefoniert, die Sache gefällt ihm und wird wohl im Augustheft gedruckt. Sie wollen nur noch ein paar »Facts« dazu haben, wieviel Ausländer dort im Knast sitzen, wie die Gesetze sind, politi-

sche Situation etc. Das kann man ja in einem besonderen Kasten dazu bringen. Gott sei Dank habe ich eine Zeitungsausschnittssammlung, wo sogar die türkischen Rauschgiftgesetze drin sind, es wird also nicht schwierig werden. Er meinte, ich müßte, wenn die Sache akut ist, nach München kommen. Nun, soll mir recht sein, Hauptsache sie bringens.
Im übrigen habe ich mich in den Anfang meines 2. Buchs verbissen, das aus etwa 5/6 längeren Geschichten bestehen wird. Ich hoffe mit der ersten in einem Monat fertig zu sein, etwa 35/45 Seiten. Zum Arbeiten und auch sonst ist es hier wirklich einmalig ruhig. Wenn nur das Wetter ein bißchen wärmer wäre, daß man nicht dauernd heizen müßte – Kohlen sind ja unverschämt teuer.
Für uns war es sehr schön bei Euch, und ich hoffe, auch Euch hat unser Besuch nicht gestört – mit den Jahren merke ich halt, daß ich Euer Sohn bin, und ich bin Euch sehr dankbar, daß ihr mich auf dem Weg, den ich einmal eingeschlagen habe, unterstützt, und ich freue mich, daß wir uns doch besser verstehen als das früher der Fall war.
[...]
Seid herzlich umarmt von Eurem Jörg

Groß-Lengden, Himmelfahrt [8.5.70]

Lieber Pappi!
Für Deinen Brief vielen Dank.
Ob das mit TWEN wirklich klappt, sei dahingestellt, denn vorläufig habe ich ja nur mündliche, keine schriftlichen Bestätigungen und Nadine las neulich ein Heft und es war ihr zum Kotzen, wenngleich sie dieses Wort nicht so häufig gebrauchst; mir allerdings ist es vollkommen wurscht, wie TWEN sonst aussieht, ich will nur Geld. Berühmt will ich da sowieso nicht werden. Was deren facts betrifft, so ist das das typische Gehabe von Leuten, die ohnehin nie davon betroffen werden: ich möchte den Twen-Redakteur sehen, der in einem türkischen Gefängnis verschimmelt. Außerdem geht das Twen nichts an, oder Twen zuletzt, oder sowas. Facts! Facts! Sollen sie doch im türkischen Jahrbuch nachschlagen. Ich hingegen kenne facts, die ich weder Twen noch sonst irgendwem mitteile, weil das Dinge sind, die nirgendwen angehn außer den Betroffenen. [...] Du hast recht: Allah hat dem Riegel vorgeschoben, und die nächste Sintflut ist nicht fern. Demgemäß fällt

auch aus, was ich jetzt schreibe: die letzten Rostflecken und die letzten Blutstropfen einer Wahrheit, die längst – vielleicht hier mehr als im Orient, aber da auch schon verkauft ist – nochmal zu beschreiben, obwohl all das seinen Sinn längst verloren hat, da ja niemand zuhört und die Bieneks aller Systeme alles besser wissen und mit lächelnd-süffisantem Grinsen uns erklären, sie hätten das Ei des Kolumbus mit Salz und Pfeffer zum Frühstück, täglich, verzehrt ... trotzdem hoffe ich, daß ich in diesem Jahr genug Geld zusammenbekomme, um diesem beschissenen Land mal wieder den Rücken zuwenden zu können, und ich hoffe, mir geht nie das Verlangen aus, reich oder arm, erster Klasse oder dritter, mich an den Orten umzusehen, zu denen es mich zieht, bevor ich mich irgendwo vergrabe und nur noch gelegentlich huste und die Fenster schwarz anmale, wenn das Jahr 2000 heraufkommt. Im Grunde ist, so wie ich das momentan sehe, jedes Buch oder Bild nur der Versuch, möglichst nahe an bestimmte Träume heranzukommen, jedenfalls ist es das, was ich versuche, Träume allerdings die durch die kaputt gemachte Welt da draußen verseucht und deshalb am Ende nicht angenehm und obladi-oblada sind, sondern verseucht und wenn nicht zerstört, dann verflucht; von Göttern, von denen wir nichts mehr wissen. Statt dessen facts! Na, die facts die ich allen Interessierten diesmal ausbreite, geben ein schönes Dinner mit Pepsi-Cola, prost Mahlzeit! Aber ich bin erst am Anfang und will nicht vorgreifen, vielleicht bringe ich das nächste Mal was mit, leider kann ich eben nicht so schreiben, wie man schreiben können müßte um das auszudrücken. Vielleicht demnächst. Qien sabre, qui sait, etc.
[...]
Es würde mich wahnsinnig freuen wenn Dir (Euch) das gefiele, was ich jetzt schreibe – es ist im Übrigen nur die konsequente Fortsetzung von Tophane – aber wenn nicht, muß ich trotzdem so weiter, denn es ist nun mal in mir, und nichts anderes.
Hoffentlich kannst Du trotz allem weiterhin arbeiten. Viele Grüße an Mammi, Euch beide umarmt Euer Jörg

Groß-Lengden, den 12. Mai [1970]

Lieber Pappi!
Danke für Deinen langen Brief, in dem so viel Wahres steht – auch ich möchte gern war Wahres ausdrücken, aber wie Du sagst, es braucht vielleicht fünf oder zehn Bücher bis man das Handwerk beherrscht, um sagen zu können, was man für wahr hält, und nicht nur das, auch für so wichtig, um es überhaupt zu sagen. Im Augenblick macht mir das Schreiben wieder schwer zu schaffen, auch weil woran ich arbeite schon in der Länge bei weitem das Ausführlichste ist, was ich je zu schreiben versuchte (der erste Teil dieses neuen Buches wird wohl so 50-55 Seiten brauchen, jetzt bin ich auf Seite 33), und auch weil das Schreiben so unwirklich wird, wenn die Schwierigkeiten des Lebens, die Schwierigkeiten, sich am Leben zu halten und trotzdem »reifer« zu werden, so viel Kraft beanspruchen (Kraft vielleicht nicht das richtige Wort, mir fällt kein Besseres ein).
Gestern nacht verhalf ich einem Tier zum Auf-die-Welt-kommen: der Schweizer, ein guter, in sich selbst wurzelnder Mann, und seine dicke Frau hatten außer ihrem Sohn keine Hilfe, um einer Kuh beim Kalben beizustehen, so kam er zu uns, und wir sahen also sowas zum ersten Mal, und mit dem Sohn des Schweizers zog ich aus Leibeskräften das schwarz-weiße Stück Kreatur aus dem Mutterleib, und die Mutter stand unsäglich verwundert dabei, die Ochsen unruhig, die Vögel im Stall begannen zu singen – und da lag dann dieses künftige Schlachtvieh im Stroh, der Schweizer rieb es ab, ich rieb mit, der Bauer, gerade von sonstwoher gekommen, mit gestreiftem Schlips und weißem Hemd stand daneben, sowas vergißt man nicht: die Augen dieses Tieres, das langsam aufnimmt, was die Welt ihm da hinhält: grobe Hände, Stroh, Wasser, dampfende Ochsen, unverständliche Gesten, die irgendein Gott hohnlachend den Menschen auferlegte: wie weit weg von der Schöpfung dieser fett gewordene Bauer, welche Schöpfung, die einen Stock braucht und einen Strick, um einer Mutter das Kind aus dem Leib zu reißen, und beide, Mutter und Kind, nur ein Batzen in der Kasse des Bauern ...
Man möchte dieser Welt, wie die Azteken annahmen, ein Ende in einer einzigen Explosion wünschen, nicht dieses entsetzlich langsame Dahinkriechen und alles reduziert auf Ziffern und Statistiken und alles mündend in der Unfähigkeit, Menschen wachsen zu lassen solange sie wachsen und Tieren ihren Teil an der Erde zu geben – was in Gottes Namen berechtigt uns eigentlich, etwas zu züchten, das die Schöpfung nicht hervorbrachte, und unser eigenes Ende entweder in Kata-

strophen und Bombenexplosionen und Gasvergiftungen zu verlegen oder uns künstlich länger am Leben zu halten?
[...]
Machs gut, Pappi, und sei umarmt von Deinem Jörg und natürlich an Mammi alles Gute und Liebe!

Groß-Lengden, 3. Juni [1970]

Lieber Pappi:
für Deinen ausführlichen Brief vielen Dank. Ich fühle mich nun auch zu einer Antwort verpflichtet, die mir aber nur schlecht gelingen will. Wenn ich darum zu gewissen Dingen schweige, stellt dieses Schweigen keine Aufreizung dar, sondern nur den Verzicht, etwas zu versuchen, was nicht geht – nämlich anscheinend geht es nicht, meine Haltung dem Leben gegenüber der Deinen, die ich so sehr achte, gegenüberzustellen: die Erfahrungen, die ich (auch mit mir selbst) gemacht habe, sind kaum mit den Deinen zu messen. Du kannst mir aber glauben, daß auch ich nicht ziellos umher treibe, sondern nur den Weg gehe, den ich als den meinen erkannt habe. Was könnte ich dazu noch als Fakten herbeizerren? Etwa daß ich Opiaten in einer Zeit begegnete, als für mich nichts anderes im Vordergrund stand, halb zufällig, halb gewollt: daß mir aber diese Zeiten, und es tut mir Euch gegenüber, die ihr so andere Maßstäbe und Vorstellungen darüber habt, leid, dies sagen zu müssen, sie sind keineswegs vorbei, Begriffe, Klarheiten, Einsichten verschafft haben, die ich sonst eben woanders hätte hernehmen müssen, die ich aber nicht missen möchte. Diese Einsichten sind aber nicht mit einem dünnen Buch von der Seele geschafft, es gibt Einsichten, die schafft einem nur das Leben oder der Tod von der Seele, egal ob man nun schreibt oder nicht. Und diese ganzen Zeiten haben mich nicht schwächer, sondern eher stärker und mir selbst bewußter gemacht: ich kann nur sagen, dies ist mein Weg, ich mache von Zeit zu Zeit Aufzeichnungen darüber, einen anderen Weg gehe ich nicht mehr.
Wenn ich neulich so wacklig war, hat das ganz einfach physische Gründe, nächsten Tags war ich so munter wie jetzt oder so munter wie ich überhaupt nur je sein kann, denn die Munterkeit liegt mir ja nicht. Wenn es so aussieht, als sei mir das Kreuz gebrochen, stimmt es nur oder auch da nicht im Bezug auf den Mißerfolg meines ersten Buches. Im übrigen sehe ich neue Abenteuer, neuen Stoff,

sachte auf mich zukommen, und glaube mir, der Wille, dies alles festzuhalten im Schreiben, dieser Wille ist in mir und unauslöschbar, auch wenn es noch zehn Jahre dauert, bis man druckt, was ich schreibe.
Mir geht es also wirklich gut, ich leide nicht mehr und nicht weniger als die Kuh im Stall oder die Kartoffel in der Erde oder die Schmeißfliege um den Pferdekot: wenn ich etwas von Dir geerbt habe, dann ist es die Zähigkeit, zu überleben.
Euch alles Gute! Euer Jörg

Groß-Lengden, 12.12.70

Lieber Pappi, liebe Mammi,
ich bin vorgestern in München, gestern hier angekommen, habe mit dem Schreiben noch gewartet, weil ich sicher sein wollte, ob es mit dem Auftrag von Twen, den ich bekommen habe, klappt; jetzt bin ich es. [...] sie haben jetzt einen neuen Chefredakteur, Hermann, und ich habe, wie gesagt, einen Auftrag, einen Artikel zu schreiben über die Situation Rauschgiftsüchtiger in Deutschland, was für sie getan bzw. nicht getan wird etc.pp. Dafür muß ich nun diese Woche nach Berlin und Hamburg, um zu recherchieren, anschließend nach Frankfurt, und bis Neujahr muß die Sache schon mehr oder weniger geschrieben sein, nach Weihnachten werde ich also für ein paar Tage nach München fahren. Morgen bekomme ich Spesengeld, und dann geht's los. Ich habe den Auftrag bekommen, weil ich sowohl schreiben kann als auch die Sache aus eigener Erfahrung kenne; der Dilloo war sehr froh, daß ich rechtzeitig zurückkam.
[...]
Ich hoffe jetzt, daß mir mein journalistischer Einstieg gelingt. Es ist immerhin eine ganz gute Chance, und ich verdiene dabei nicht schlecht. Ich habe vor, mir eine Stellung zu suchen – aber darüber können wir ja reden wenn ich in Frankfurt bin. Ich rufe von Berlin aus an.
Bis dahin alles Gute und Grüße, auch von Nadine, Euer Jörg

Ffm, 16-7-71

Liebe Mami, lieber Pappi,
da ich den ganzen Tag geschrieben habe schreib ich euch auch gleich. Heut abend geh ich mit Theos was trinken, telefonierte gerade mit ihm; der Film ist durch die erste Instanz – Wiesbaden – glatt durch und liegt jetzt in Bonn vor, wo dann anscheinend entschieden wird. Theos scheint ganz optimistisch, jetzt. Wäre ja sehr gut wenns klappt.
Die Zeitung wird wohl nächste Woche (!) doch noch rauskommen, aber ich hab inzwischen keine Lust mehr daran, ist für mich erledigt. Wir konzentrieren uns jetzt ganz auf UFO und die Sache die Pelieu etc. mit uns machen will. Außerdem hab ich vor eine größere Sache für den Funk zu machen, Hörspiel, werde da nächste Woche mal vorsprechen. Weißner macht auch grade was, bekommt 3500 Mark.
Und schließlich die Apomorphin-Sache als Fernseh-Report. Nun ja. Also ich bin schon weiter, das Zoom liegt für mich schon abseits, erledigt, war eine Weile ganz interessant aber jetzt möcht ich andere Dinge machen. Und falls ich bald einen Verlag für die Apom.-Dok. habe würde die Ztg. sowieso flach fallen, das sind dann doch 2-3 Mon. durchgehende Arbeit. Ich nehme an daß Hanser interessiert sein wird, aber warten wir ab.
[...]
Seid herzlich umarmt, und viele Grüße an Flecks, Euer Jörg

Ffm, 21. Juli [1971]

Liebe Mammi, lieber Pappi!
[...]
Das Zoom bleibt zu und die Zeitung ist für mich damit endgültig gestorben, schon mal wegen des Geldes. Finanziell sieht es vorübergehend jetzt natürlich kärglich aus, aber es bahnen sich einige gute Sachen an, wenn davon auch nur die Hälfte klappt bin ich schön aus dem Schneider.
Nächste Woche habe ich einen Termin mit einem Herrn Klocke vom Hörspiel, den mir Weissner empfohlen hat. Ich überlege jetzt gerade mehrere Sachen zum Vorschlagen. Die zahlen auch Vorschuß! Dann war Weissner in München und hat

mit einem Hanser-Lektor wegen eines ganzen Pakets Übersetzungen und der Apomorphinsache gesprochen. Die sind sehr interessiert und lassen demnächst von sich hören. Wenn ja erscheint es in der Reihe Hanser mit Anfangsauflage 5000 und für mich 3700 Mark = 10% davon etwa die Hälfte als Vorschuß ... damit läßt sich dann schon was anfangen. Allerdings gibt das auch harte Arbeit. Mit denen kann Melzer halt nicht mit. Außerdem könnte man aus der Apo.-Angelegenheit natürlich auch eine Fernseh-Dokumentation und – warum nicht? – ein Funk-Essay oder dergl. machen. Dank Gott daß Burroughs darüber geschrieben hat, sonst wäre ich womöglich nie darauf gekommen!!
[...] Ali hinkt immer noch, ich weiß wirklich nicht ob er sich einfach dran gewöhnt hat oder obs wirklich nicht anders geht ..? Außerdem nutzt er mich schamlos aus, wie immer, und pennt gleich in der Küche auf den Handtüchern um es bequemer zum Napf zu haben ... ansonsten alles in Ordnung. Wie enteise ich nochmal den Eisschrank? Den Rasen hab ich gerade gemäht. Und was war genau mit dem Oleander? Es sieht aber alles tadellos aus. Ich brüte über der Frauen-F.Sendg, es fällt mir einfach nichts ein ... wie üblich im Sommer. [...]
Tausend Grüße auch an Flecks euer Jörg

Den 27. Juli 71

Liebe Mammi, lieber Pappi:
[...]
Was die Zeitung angeht: natürlich werden Herr Schmidt und ich – als die Redaktion – noch eine Erklärung machen, die nicht nur die Abonnenten sondern alle in unserer Kartei bekommen, und in der ausführlich dargelegt wird, was in der Zeitung stand und warum sie nicht mehr herauskommt sondern eingestampft wurde. Übrigens könnte ich auf irgendeine andere Art nichts mehr zuende führen da ich sozusagen ganz offiziell, na ja, nicht entlassen aber meinem ja ohnehin vagen Status entsprechend, so was ähnliches ... ich glaube das Ausschlaggebende war, daß in dem Urteil, mit dem das Zoom endgültig geschlossen wurde, drin stand, als einer der Punkte, daß in der ersten Nummer der Zeitung ein Hasch-Artikel gewesen wäre in dem es geheißen hätte, ein vorsichtiger Gebrauch von Haschisch sei nicht gesundheitsschädlich ... das sei ein Grund warum der Pächter des Zoom nicht vertrauenswürdig sei. Und das obwohl der Schreiber des Artikels ja

einer der drei Spezi war und, was für ein Blödsinn, die Zeitung den Akten zulegte. Na ja, Idiotie ... mir haben sie genau 20 Exemplare gegeben ...
[...]
Also dann, bis Samstag! Alles Gute euer Jörg

München, den 30. Juli 74

Liebe Mammi, lieber Pappi,
hier ist alles bestens, bloß die Wohnung ist noch immer nicht geräumt. Falls es nicht bald damit klappt, suchen wir uns in der Gegend was anderes, genug gibt es ja. Heißes Wetter, kein Föhn, wir sitzen meistens im Garten, womit nicht der Biergarten gemeint ist, und bosseln an unserem Hörspiel. Die Idee fürs nächste ist auch schon entwickelt: eine siebzigjährige Dame reist mit Neckermann nach Teneriffa, wo sie ihren dritten Frühling und auch sonst allerlei Staunenswertes erlebt. (Dimitrius kennt sich da unten gut aus.)
Sonst gibts eigentlich nichts neues; der Mensch von der Nat. Zeitung schrieb, ich könne schreiben was immer ich wolle, und 3 Gedichte wären schon gesetzt und kämen demnächst, er selbst auch, Ende August, hier nach München.
[...]
Neulich trafen wir im Englischen (Bier-)Garten einen der merkwürdigsten Typen: einen gewissen Wladimir, Deutschrusse, ungefähr 50, in Moskau geboren, fünf Jahre KZ, Zirkusclown bei Barum, Philosoph, Erfinder, Narr, aber ein hinreißender Erzähler, der, mit Clowneinlagen und Kunststückchen, einen drei Stunden lang in Atem hält – arm wie eine Kirchenmaus, aber vollkommen heiter, und dazu orthodoxer Christ. Eine Josef-Roth-Figur des KZ-Zeitalters!
(Schon eine merkwürdige Szene: glühende Augustsonne, unter zwei Apfelbäumen in einem Garten eines münchner Vororts zwei mittelalterliche Herren mit dunklen Brillen, jeder vor sich hin brütend an einer Schreibmaschine, während ringsherum Kaffeeparties und Rasenmäher, Köter und Katzen und Kinder usw. zwischen Siesta und »Feierabend« vor sich hin dämmern oder rattern oder Kuchen fressen und Schlager hören ...)
Mit der Alkoholsendung gehts etwas schleppend, ist nicht das richtige Wetter dafür, dürfte aber nächste Woche fertig sein (beide), ich bring sie dann der Medienforscherin vorbei. Mit den Anonymen hab ich Termin am Montag.

So, kurze Pause und dann gehts weiter: siebte Szene, zweiter Auftritt. (Wenn die das als Hörspiel nicht nehmen, machen wir ein Theaterstück.)
Alles Gute und bis bald im Burgfeld!

München, den 21 Nov 74

Liebe Mammi, lieber Pappi,
[...]
Ich grüble über dem J. Roth-Artikel, soll was »programmatisches« werden, keine Abkehr, aber eine ernste Sache, und es wäre ja alles schnöd, wenn man diesem Mann, diesem einzigen Dichter, deutschen, wenn auch österreichischen Dichter, den ich liebe, keine Sache schreiben würde, die die eigene Substanz offen legt. Soviel darüber. Noch grüble ich. Bald wirds geschrieben sein. Dann mehr. – Inzwischen schreibe ich, vor allem, Gedichte, also keine Lyrik, sondern das, was mir in Prosa zZt nicht möglich ist. Sind ein paar Sachen dabei, die gut sind. Wenn sie auch niemand druckt. Egal. Meine Tests sind nicht die, die andere im Handumdrehn nicht passieren – NICHT natürlich wieder nur nach meinem Maßstab. Der wird aber immer strenger. Man kann eben nicht HIOB schreiben und dann mit den »Linken« paktieren. So etwas werde ich da auszudrücken versuchen, falls man es druckt. – Falls es euch nichts, na, nichts ausmacht: ich hab euch sehr gern. Man muß wahrscheinlich durch manchen Dreck waten, um das zu wissen.
[...] Das Hörspiel, das ich mit Dimi gemacht habe, geht nächste Woche weg – erstmal Stuttgart, dann sehn. Ist gut geworden, vielleicht mehr Theater als Funk. Aber ich bin kein W.Sh., auch kein Dos., nur ein Fauser, ich tät sehr gern mehr schreiben von dem, was mir eigentlich im Kopf rumgeht, aber leben muß man auch. Leider, d.h. nicht leider, man muß es eben. [...] Frag mich, warum mich mit erst 30 schon das Sterben so beschäftigt, bin fast jeden Tag auf dem hiesigen Friedhof. Kein Katholik, kein Jud: aber die Roth-Biographie ist WAHNSINNIG schön. Ein blöder Witz: Alter Jud läßt sich auf dem Sterbebett TAUFEN. Großes Entsetzen. Fragt man ihn: Ja warum denn? Sagt er: Lieber die Goj verliern einen, als wir ...
Hoffe ich hab die Briefmarken um das morgen einzuwerfen ... alles, alles Liebe
Euer immer dankbarer Sohn Jörg

Rabat, den 11. Juni 75 (Mittwoch)

Liebe Mammi, lieber Pappi:
eben habe ich Euren Brief vom 8. bekommen, die Post funktioniert doch gar nicht so schlecht. Nun, inzwischen ist sozusagen eine MENGE passiert, zumindest soviel daß es schwierig werden wird alles umfassend zu berichten. Ich beschränke mich also auf das Wesentliche. Letzten Donnerstag war eine Einladung seitens mar. Rundfunkleute bzw. Schriftsteller oder ähnliches organisiert (»o.ä.« deshalb, weil hier jeder auch wenn er einfach TV-Direktor oder Hilfsdrucker ist, ein »berühmter Schriftsteller« ist bzw. sein will – alles ziemlich kompliziert). (Mit anderen Worten: Schriftsteller, noch dazu wenn sie »Dichter« sind oder als solche gelten, sind hier – wie in allen Ländern des Südens und vor allem solchen mit 70 oder mehr % Analphabeten – gesellschaftlich geradezu erstklassig, auch wenn sie ihr Hotel nicht bezahlen und ihr Schuhe nicht putzen lassen können). Es ging also zunächst mal ganz in der Nähe (alles wohnt hier nah beisammen, als wäre Rabat Reutlingen oder Herborn) zu einer Art Klubhaus des mar. Schriftstellerverbandes, falls ich das richtig verstanden habe, wo »man« sich trifft – Funkleute, Musikleute, Schriftsteller, Studenten, Cineasten und vor allem solche, die als all das gelten wollen. Fernsehen, Tee, Begrüßungen, Komplimente, Eintragung ins Gästebuch, Fragen, Höflichkeiten. Goethe wurde genannt, Beethoven, aber auch Hemingway und Faulkner, Kafka und Camus. Nun gut. Mit 2 dieser Herren werde ich mich eingehender beschäftigen. Sie stammen beide aus dem (früher) spanischen Norden, Tetouan, der eine ist jung und irgendwie oppositionell und gehört nicht ganz dazu (obwohl er natürlich eine »grande espoir« »fameux journaliste« etc ist aber, wie ich inzwischen hintenherum weiß, eben seine Miete nicht zahlen kann und nicht für voll genommen wird – er ist Fan moderner Malerei, die hier nicht gerade geschätzt wird (Picasso) und hats mit der »Absurdité de Camus« was ebenfalls von den anderen nicht gerade als Ausbund von Klugheit betrachtet wird) und der andere ist älter, spricht kaum französisch, ist SEHR liebenswürdig und herzlich, sein Onkel war ein toller Sultan im Rif der gegen die Spanier gekämpft hat und über den eine Dame aus USA 1924 ein Buch geschrieben hat usw. (nach Angaben dieser Herren stammt jeder Araber aus dem Norden von einem Sultan ab) und bei ihm fand das Essen statt, in seiner Rabater Stadtwohnung (in Tetouan hat er natürlich eine casa grande, und dort wird im Juli die Hochzeit einer seiner Schwestern oder Kusinen stattfinden zu der wir eingeladen sind

– falls das nicht nur Höflichkeit war). Anwesend waren: seine sehr span. temperamentvolle Frau, kleine Tochter, Bruder (Lehrer f. mod. Literatur), ein höchst berühmter älterer Gentleman mit sehr junger Frau, der »einer unserer ganz großen Dichter« ist (er dichtet aber in Englisch!) und 14 Jahre in den USA lebte und in Tokyo und anderswo das arabische Fernsehprogramm aufgebaut hat, sehr soigniert und den Verfall der Sitten bedauernd (insofern, als die Frauen zwar nicht direkt mitessen – sie tragen auf – aber dann doch später dabeisitzen und tratschen). Ferner der Chef des hiesigen arabischen Funkprogramms, der sehr nett ist, älter, beleibt und ganz traditionell denkend. Der junge Mann geriet sofort in die Schußbahn, als es um Kunst etc ging. Da fast nur arabisch oder spanisch gesprochen wurde, außer wenn unsere Meinung gefragt war, habe ich das alles aber nur per Mimik usw mitbekommen. Es gab den Kuskus, eine Art Polenta mit Karotten, Zucchini und Hammel, wobei der Gastgeber einem tatsächlich die besten Brocken in den Mund stopft, dazu Saft; dann Fleischklößchen, Wassermelone, Kuchen und wieder Saft und dann den vom Hausherrn zubereiteten Tee, der mit Verbenien und Minze bereichert wird und die Araber anscheinend irgendwie anregt, denn es wurde bis fast 1 Uhr nachts heftig diskutiert, während ich mir doch sehnlichst ein Bier wünschte, aber das gabs nicht, obwohl ich weiß daß fast all diese strikten Teetrinker natürlich auch Alkohol trinken – aber nicht offiziell, und dies war quasi was halb-offizielles; am Schluß überreichte uns der Gastgeber je eine Ausgabe einer Novellensammlung von ihm, natürlich arabisch, mit Widmung (»... meinem hochwillkommenen Freund J.F., dem bekannten homme de lettres aus Deutschland« usw.) Auf jeden Fall werde ich mit ihm und dem Jungen mal ein Interview machen und daraus dann einen Artikel für die SZ, falls die Interesse haben. Es war sehr anstrengend, sehr lustig, sehr aufschlußreich und sehr verwirrend zugleich ... der Freund von Burroughs, der hier seit 30 Jahren lebt, ist natürlich bekannt und geschätzt, ich denke ich werde ihn auch mal sehen.
Am Samstag war dann eine andere Einladung bei einer jungen Marokkanerin und ihrem 50jährigen österreichischen Freund, einem Drucker der seit 25 Jahren im Ausland lebt, 5 im Kongo, 3 hier und jetzt auf einen neuen Job wartet, Jemen oder so. Da waren: ein Dozent der Journalistik (Friedrich Naumann Stiftung), deutsch, schwierig, irgendwie leicht bekloppt; der 2. Sekretär des russischen Presseattachés mit Frau (fröhlich, mit angedeuteter Elvis-Presley-Tolle, völlig unpolitisch, dem Whisky und der Heiterkeit zugetan), ein junger Franzose mit irrsinnig schöner Freundin, halbe Berberin; die Mutter, die das tolle Party-Treiben auf

einem Sessel hockend und ab und zu in die Hände klatschend beobachtete (obwohl es natürlich bei jeder Fete der evangelischen Sportjugend von Diez an der Lahn orgiastischer, bzw. sittenloser und sinnloser zugeht). Dann tanzten die Mädchen; oho! Sie ziehen sich dazu lange Kleider an und schlingen sich ein Tuch um die Oberschenkel und dann diese Bewegungen, die man weder als anmutig noch als grazil oder erotisch bezeichnen kann, weil sie viel mehr sind ... und das alles ist natürlich nichts gegen die Tänze in der Wüste und in den Bergen und den Souks ... Mon Dieu! – - -! Also das war sehr lustig und angenehm, und am nächsten Tag gaben wir für alle eine Einladung zu uns, und Montag war ich mit dem Österreicher draußen vor Rabat auf dem Land. Da haben Deutsche, die 30 Jahre hier sind, ein Anwesen, sehr hübsches leicht verkommenes Haus mit Feldern und 10 Kühen und Hunden usw, da fährt er ein paarmal die Woche hin, weil die Leute nicht da sind, um dem Arbeiter, der mit Frau und 5 Kindern da wohnt, mal auf die Finger zu sehen und die Hunde zu füttern ... wenn die da sind, mach ich auch mit denen ein Interview ... die sollen ihr Land jetzt verlieren, weil es »nationalisiert« wird, haben es überhaupt nur noch, weil der Alte hier gegen die Franzosen kämpfte und im Kittchen saß. Das Land hinter ihrem gehört dem König. Eine wunderbare Landschaft, hell, leicht hügelig, Blumen, vorbeiziehende Pferde, Esel, sanfte gelbe und grüne Farben ... werde bald wieder hinfahren.
Das waren also so die Glanzpunkte bis jetzt.
Im übrigen bin ich halbwegs eingelebt, das Klima ist ausgezeichnet, meistens so 25 Grad, vielleicht mal bewölkt, aber noch kein Regen. Immer Wind. [...] der Wein ist gut und nicht teuer, es gibt jede Menge Bier (ein Versuch der Orthodoxie, vor ein paar Jahren ein Bier-Produktions-Verbot durchzusetzen, scheiterte, hamdollillah!), der Kellner in der Brasserie an der Place wo ich jeden Morgen Kaffee und jeden Abend einen Ricard trinke, schiebt mir den Stuhl zurecht und füttert mich mit Oliven, Radieschen und gebratenen Sardinen, und die Hauptfrage im Moment ist, wann es Ali, der Concierge, endlich schafft uns eine Bonne zu besorgen. Ohne Bonne die 2 mal wöchtlich putzt und wäscht und einkauft und darauf achtet daß alles seine Ordnung hat, kommt man hier nicht aus, das gehört sich so, selbst der hoffnungsloseste Dichter muß seine Bonne haben, und außerdem kosten sie nur ca 20 Mark im Monat. Mein Anzug macht Fortschritte, das Jacket ist schon fast fertig.
Ich werde bald ein neues Hörspiel schreiben und mit den Artikeln anfangen und dem Buch, das erste Kapitel hab ich im Kopf, es ist nur eine Frage des Stils, wie

alles. Oder? Am Freitag ist eine Vernissage »La Maroc vu par quelques paintres ...« da werden wir wohl hingehen. Die Anweisung von der NZ brauch ich nicht, nur Briefe. Fotos machen wir bald. Ja, im Moment wärs das – muß zusehn daß ich meine 2 Worte arabisch lerne. Machts gut, schreibt mal wieder, alles Liebe Euer Jörg

Rabat, den 27. Juni 75

Liebe Mammi, lieber Papa,
[...]
Heute kam ein Brief von der National-Zeitung, der Mensch schreibt »habe Ihren Text SOFORT zum Satz gegeben, sehr gut etc« (es handelt sich um das 1. »Feuilleton«), ich schicks euch dann.
Vielleicht wird ja doch noch ein halbwegs angesehener Feuilletonist aus mir, dies in einer Zeit des Zeitungssterbens und des allgemeinen Untergangs des Abendlandes ...
Was Papis Bank-Fach-Kenntnisse angeht, möge Allahs Licht immerfort über sie leuchten, aber ich hatte doch wohl auch die Konto-Nr. der First National City Bank angegeben – das wäre schneller gegangen.
Inzwischen spitzen sich hier die Dinge, über die ich in meinem letzten Brief schrieb, immer mehr zu. Wegen der Zensur möchte ich da nicht so ins Detail gehen, aber es verspricht ein wahrlich heißer Sommer zu werden. Ich empfehle euch einen Blick auf die Karte Nordafrikas zu werfen, das ist sehr interessant. Man spricht hier auch davon, daß ja eigentlich Marokko mal bis zum Senegal reichte ... weiter möchte ich dazu jetzt nichts sagen, wie der alte Grieche schon meinte: panta rei ... es war also gar nicht dumm, hierherzukommen, vorausgesetzt, die Luftwaffe unserer östlichen Nachbarn dokumentiert ihre (angebliche) Überlegenheit nicht gerade über unseren Häuptern ... on verra.
Diese vagen Bemerkungen sollen euch keineswegs in Unruhe stürzen, dazu besteht kein Anlaß – vielleicht sind es alles Latrinengerüchte ... und im übrigen geht das Leben hier seinen Gang, den es schon seit 3000 Jahren geht, mit Modifikationen vielleicht, mit modernen, aber sonst – ich brauch nur 5 km aufs Land zu fahren, da ist immer noch die Welt der Bibel, und vielleicht eine noch ältere am Leben, unverändert, die Esel, die Pferde, die Schafe, die Tränke, die Hirten und

die Frauen, und es ist die gleiche geduldige Erde ...
Heute abend empfange ich 2 junge Kollegen zum Gespräch.
Unsere Bonne meint, sie hätte ihrem ältesten Bruder, seit dem Tod des Vaters Familienoberhaupt, vorgeschlagen, ob sie nicht auch mal ohne ihre Djellabah (unter der es sich eben doch ganz schön schwitzt) gehen könnte aber er habe es ihr strikt verboten, parce que c'était une honte ... den Schleier hat sie aber trotzdem abgelegt, die Gute ... temps modernes ... gerade singt der Straßensänger, der jeden Freitag kommt, im Hof, ein alter weißbärtiger Mann in einer gelb-grauen Kutte, der Franzose in der Garage gegenüber stochert in seinen Zähnen und langweilt sich, die Katze die den ganzen Tag schreit, schreit auch jetzt, und so entsteht eine Art Duett, aber die Stimme des Alten ist schöner, mag der Himmel wissen was er singt, sicher aber etwas Frommes. Und die Palme wiegt sich im Wind. Ja, man könnte hier lyrisch werden, aber nicht auf die süßliche deutsche Art, eher Faulkners Südstaatenlyrik oder auch Montherlants spröde, präzise, männliche Lyrik, er war ja nicht umsonst hier, auch Roth paßt durchaus hierher, aber sonst? Die deutsche Schwüle ist hier fehl am Platz, auch diese Art intimer Tiefsinn à la Handke, diese pretenïosen Sätzchen, oder ihre Verwandten von links – um das rauszufinden, muß man natürlich nicht erst nach Marokko fahren, aber die Distanz ist doch manchmal sehr wichtig, auch wenn man weiß, daß man letzten Endes zu der nördlichen Finsternis gehört, leider Gottes.
[...]
Alles Gute, Euer Jörg

Den 25. Nov. 75

Liebe Mammi, lieber Pappi, [...]
Ja, mit Diogenes, das wäre nicht schlecht – aber jetzt in aller Eile was hinschlampen, Unsinn; ich laß mir Zeit und bleibe beharrlich, alles andere ist sinnlos. Viel eher werde ich sehen, daß ich nun mal tatsächlich beim Playboy was loswerde, Artikel oder Story, übermorgen gehe ich hin und rede mal hochdeutsch – denn die zahlen halt gut.
Die Kurzgeschichte über Haidhausen für die »Sonntagsbeilage« habe ich ganz gut hingekriegt; heut nachmittag ist der Kenntemich auf der Redaktion, um sein Programm zu präsentieren (Beiträge von Jean Paul, Jarry, eine Persiflage auf die O,

meins, einige Curiosa aus dem Guinness Book of Records – die kürzeste Beinamputation, die längste Verlobung etc – und etliches Bayerische, insgesamt bestimmt ganz unterhaltsam.) Mal sehen, wies ankommt. Wenns ankommt, sind wir fein raus. Für so eine kurze (2 1/2 Seiten) Geschichte gibt es immerhin 300-400 Mark.
Den Kerouac-Aufsatz, der diesen Leuten von dem Pop-Blatt so toll gefallen hat, schick ich jetzt dem Heißenbüttel, vielleicht kommt noch eine Funk-Version dabei raus. Es ist schon werkwürdig: die Pop-Leute wollten den Aufsatz deshalb, weil sie dauernd Anfragen bekamen, wann denn mal jemand was über K. schreiben würde; und die deutschen Funkredakteure winken bei dem Thema meist ganz schnell ab mit dem Hinweis, daß das niemand interessiert.
[...]
Allerbeste Wünsche für heute, alles Gute Euer Jörg

Montag, den 26. Januar 76

Liebe Mammi, lieber Pappi,
ich bin etwas müde, habe die ganzen Tage an der Agatha-Christie-Geschichte, an einer Kurzgeschichte und an einem Langenscheidt-Register gearbeitet, will euch aber doch schnell schreiben.
[...]
Meine eigenen Geschäfte gehen besser, diese Woche Saarbrücken, Astel wird wohl auch was machen, und beim BR gehts auch so peu à peu, nächsten Montag führe ich zum ersten Mal »Regie!« Und was die Stories anbelangt, bin ich wohl bald soweit, zu einem Verlag gehen bzw vorfühlen zu können. Außerdem habe ich Verbindungen zum Film und falls das klappt, schreib ich Sommer ein Drehbuch. Spielfilm. Viel Geld. Aber das ist noch alles ganz offen. Bitte kein Wort darüber verlieren.
Was die Situation rechts/links betrifft, bin ich immer weder noch sondern folge getreulich der Rothschen Maxime des monarchistischen Anarchismus atheistisch-katholisch-muselmanischer Richtung. Die bayerischen Patrioten hatten ja auch wieder ihr Trutz-Treffen und haben den Kini verlangt, worauf die AZ eine Abstimmung unter der Leserschaft machte, wen sie wollten. Resultat: Franz Beckenbauer. Also da ist wohl nichts zu machen.

[...] Wenn die Agatha-Christie-Geschichte im März läuft, hört ihr sie doch hoffentlich – ist ganz lustig geworden. Ich entwickle mich noch zum Volksschriftsteller – wer hätte das gedacht? (Kein Witz – hat mir neulich ein Redakteur gesagt.)
So, ich leg mich hin und schlaf
allerbeste Grüße und Wünsche Euer Jörg

Den 5. Februar 76

Liebe Mammi, lieber Pappi,
[...] – meine Zeit fängt an, knapp zu werden, womit ich weniger meine, daß meine Tage gezählt sind (dort oben schon – hier hoffentlich noch nicht) als daß ich in 2 bis 3 Monaten praktisch ein druckreifes bzw zumindest diskutables Manuskript im Hause Fischer vorlegen will. D.h. noch mindestens 8 bis 10 Erzählungen müssen da sein. MÜSSEN nicht – SOLLTEN? denn um so schneller, um so besser steh ich dann da, wenns ums Programm geht, das dieser neue Lektor dort aufstellen will. Wenns bei Fischer nicht klappt, kann ich immer noch zu Diogenes oder sonstwohin, Astel meint jedenfalls ich würde garantiert einen guten Verlag finden. Dazu muß ich aber erst was haben, und dazu muß ich schreiben, und dazu ... siehe oben. Besuch gern – aber nicht zu lang. Trotzdem fahr ich selbst morgen nach Wien, kurz, um mal festzustellen, unter anderem, ob man da nicht auch im Radio mal Texte lesen kann, der Kofler macht das öfter, analog Pop-Sunday. Die Goldfisch-Geschichte kam übrigens schon letzten Sonntag, und ich wußte nichts davon. Vielleicht könnt ihr sie aber doch noch mal hören – falls nämlich Astels Wunsch klappt, eine von den 2 Sendungen, die wir aufgenommen haben, als Co-Op-Sendung mit Baden/Baden und Stuttgart zu bringen. Nun, ihr kennt sie ja eh. Interessant war in Saarbrücken die Reaktion des Ton-Ingenieurs, der sagte, wenns das je als Buch gäbe, würde er sich's sofort kaufen – und das war ein dicker Schwabe der bestimmt nicht viel Geld in Literatur investiert.
Das Kerouac-Hörspiel soll nun doch gemacht werden, nur gekürzt etc. Ich muß sagen: die Leute dort, Astel und Klippert, waren ausnehmend nett, wenn alle so wären ... wurde sogar mit Funkauto zum Bahnhof gebracht ...
Für Heiraten etc. hab ich auch keine Zeit jetzt. Ich meine, irgendwie muß man das verstehen – jahrelang im Abseits, und plötzlich ruft dieser Lektor einen Tag nach

Erhalt der Sachen, die Astel ihm sofort geschickt haben muß, schon bei mir an und hält mir einen Vortrag, daß, selbst wenn er nicht bei Fischer bliebe, Lektoren ihre Autoren ja mitnehmen würden etc., und er Autoren nicht bloß drucken, sondern machen wollte uswusf. Da ist doch irgendwas im Busch, ich bin doch nicht über Nacht größenwahnsinnig geworden. Aber wenn was im Busch ist, möchte ich mir diesen Busch gründlich ansehen. All das heißt, daß ich vorläufig hier in meiner Bude bleibe und auf Büsche klopfe. Alles andere ergibt sich entweder gar nicht oder von selbst.
[...]
Dies das Neuste – falls man mich morgen im Zug nicht mit Carlos verwechselt und stante pede erschießt, bin ich Montag zurück und meld mich dann im Lauf der Woche!
Alles Gute Euer Jörg

                                                             Den 27. Februar 76

Liebe Mammi, lieber Pappi, vielen Dank für Brief und Zeitungsausschnitt. Ich lese gerade wieder Roth, nachdem ich bereits 2 Bände der Gesamtausgabe bekommen habe (übrigens ein wirkliches Geschenk: die kosten im Laden über 300 Mark!) und warte vor allem gespannt auf Band 4, der seine sämtlichen Aufsätze enthält, auch die späten also, die er für die Legitimisten geschrieben hat; ich gedenke, sie in meinem neuen Aufsatz speziell zu berücksichtigen.
Vorher las ich Thomas Mann-Erzählungen und muß sagen, so geschliffen er auch schreiben kann, seine Gedanken sind nicht durchweg so, daß man sie unbedingt kennen muß, und was seinen Stil angeht, gebe ich für einen Absatz Hamsuns, eine Seite Roths den ganzen Mann. Tatsächlich lese ich dann noch lieber Somerset Maugham, der eine ganze Menge von der Story verstanden hat und zudem noch unterhaltsamer ist.
[...]
Die Hoffnungslosigkeit Roths nur auf die Zeit zu schieben, wäre ganz gewiß falsch; wenn einer mit 30 ein Buch wie »Flucht ohne Ende« schreibt, ist ja einiges gesagt. Aber floh Roth? Und vor wem? Und wenn es schon damals einem Roth nicht möglich war, ein Mexiko zu finden, wie sieht das dann heute aus? Eben: ist doch längst alles tabula rasa, ja es gibt nicht mal mehr einen Hitler oder Stalin,

den man überleben will. Was nicht heißt, daß ich mich demnächst aufhänge: ich bin ja auch neugierig, wie das alles so weitergeht; und solange das Schreiben Spaß macht, und es einige Leute gibt, für die es sich zu schreiben lohnt, solang rentiert sich auch das Leben.
Vorhin kamen die 4 Belege, die Heißenbüttel mir von der Sendung geschickt hat; er hat kein Wort geändert oder gestrichen. Die Sendung läuft am 7. Mai um 22 Uhr 15 im 2. Programm; vielleicht kriegt ihr es rein. Der Buggert, mit dem ich mich neulich getroffen habe, war recht nett und scheint was von mir zu halten. Er meinte, der Piper Verlag wäre auch was für mich. Aber jetzt warte ich erstmal ab, obs nicht bei Fischer klappt. Das hängt also jetzt vom Cheflektor ab. Nun, bis zum Frühjahr werde ich genug Seiten haben, um dann auch woanders was vorlegen zu können. Und wenn ich, wie bisher, die Geschichten auch ans Radio verkaufen kann (manche 2mal) dann kann man FAST davon leben ...
[...]
Allerbeste Grüße und Wünsche, Euer Jörg

Montag nacht 8/3/76

Liebe Mammi, lieber Pappi:
[...]
Ich habe gerade in sechsstündiger Arbeit eine neue Story geschrieben, die auf meinen Nachtwächter-Erfahrungen basiert, ich glaub sie hat einige gute Stellen. Zumindest merkt man glaub ich, daß ich weiß wovon und worüber ich schreibe, was man ja nicht von allen behaupten kann, die da am Werk sind.
Storyschreiben ist eine Knochenarbeit, und Konzentration. Aber allmählich macht es mir SPASS. Aber auch Nachtwächterei etc hat Spaß gemacht und war notwendig, wahrscheinlich werde ich solche Sachen auch wenn ich nicht unbedingt das Geld brauch, noch ab & zu machen. Ich will keiner von den Leuten werden wie Handke oder andere, die nur permanente Selbstschau betreiben.
Natürlich sind das alles kleine Fürzchen, pardon, gegen Hamsun oder Roth oder Hemingway, aber ... na, ihr wißt ja Bescheid.
Sonst gibt es nicht viel, eigentlich nichts neues. Die SPD-Tage sind wohl gezählt, was die hier in München wieder gemacht haben grenzt ja auch ans Groteske. Nun heißt der neue Star Albrecht, aber wenn ich lese was der von sich gibt – dieser Jaspers-Aufguß – na weeßte.

Als ich neulich zum ersten Mal im Hofbräuhaus war, kam mir der Gedanke: die und rot werden? Nie. Liest man im Spiegel, was so in Rußland los ist, hat sich andererseits dort KAUM etwas verändert, außer »oben«. Aber »unten« – nichts. Da den Bolschewisten aber natürlich nur an der Macht, an »oben«, was liegt, kann es gut sein, daß wir irgendwann alle von Bolschewisten regiert werden, nur die Leute »unten« werden die gleichen sein. Und natürlich die Gulags. Ach, was solls. Papi, alles Gute und viel Kraft für die Ausstellung.
Ich verleg dann meine »Ferien« ins Burgfeld und schreib ein Hörspiel.
So, ich bin hundemüde und geh noch schnell zur Post. Bis bald, herzlichst Euer Jörg

Den 19. März 76

Liebe Mammi, lieber Pappi,
da ich nicht weiß ob ich nicht nächste Woche auf dem Land bin in Klausur, um diesem Film-Menschen einen Dialog für einen ZDF-Film zu schreiben (»Hommage à Marcel Duchamps« – etwas wirr, aber teilweise ganz gut), schreib ich euch jetzt schnell.
Geschichten bring ich mit, wenn ich nach Frankfurt komme. »Der Augenblick der Vollendung« – na, dazu hab ich einfach ein Gedicht gemacht, mal sehn, ob es in sein Konzept paßt. Von Heißenbüttel wurden heute 750 Mark Werkhonorar angewiesen, also 150 mehr, als er gesagt hat; vielleicht hat er es erhöht. Auf diesem Honorarvertrag steht nun der beeindruckende Satz »Kann erst Ende des Monats nach Abzug der Lohnsteuer (!) überwiesen werden ...« Weissner sagt, damit hat es allerdings nichts auf sich; aber beim WDR mußte er tatsächlich beweisen, daß er Einkommenssteuerzahler ist, sonst hätten sie ihm AUCH NOCH die Lohnsteuer abgezogen. Gelobtes Land der Arbeitnehmer!
Dem Ploog hab ich übrigens geschrieben und ihn gebeten, anzurufen, wenn er mal wieder nach New York fliegt, er wird es bestimmt tun, er ist nur manchmal, wie wir alle, vergeßlich. [...]
Der Georg Lohmeier, Spaßvogel und Träumer, ist mir bekannt, auch das alljährliche Gammelsdorfer Patrioten-Treffen. Ich erinnere aber an Roth, demzufolge die Alpenjodler und Gebirgspatrioten und Maßkrug-Nationalisten den eigentlichen Untergang der Monarchie bedeutet haben. Das sind ja alles äußerst telegene

Leute, die auch ihren Stammplatz in den Klatschkolumnen haben; über den Zusammenhang zwischen Monarchie und Anarchismus haben die noch nicht 5 Minuten nachgedacht.
Hier ist es auch wieder kalt; allmählich wünsch ich mir das Frühjahr herbei.
Herzliche Wünsche von Eurem Jörg

Stardust Hotel, Hollywood, 11. Mai 76

Liebe Mami, lieber Paps,
fürn langen Brief reicht es nicht, aber ganz kurz: es ist 11 abends, 1 Tag hier, total müde, 1. Drehtag, für 1 Minute 6 Stunden, und dann warn im Film Kratzer. Los Angeles ist eine völlig unglaubliche Stadtlandschaft, riesig, häßlich, aber auch schön und alles mögliche. Wohnen im Zentrum von Hollywood, Sunset Strip, und alles ist, wie immer, ganz anders als in der Vorstellung – aber, bis jetzt, sogar durchaus angenehm! Ich bin froh, daß ich die Reise mache – was man hier sieht, sieht man woanders nicht (auch China sieht man woanders nicht, aber ich glaube ich ziehe Amerika vor) Die Leute sind – was ich bis jetzt kenne – sehr lässig, freundlich, umgänglich. Die Landschaft mit Meer, Bergen, Palmen, Bohrtürmen und 99 Millionen Autos – na, Irrsinn.
Also – alles okay bis jetzt, alles Liebe J.

Los Angeles, 31. Mai 76

Liebe Mami, lieber Paps, Filmen in Nevada bei 60° ohne Schatten ist eine solche Knochenarbeit, daß ich nicht zum Schreiben kam, aber unsre Geburtstage können wir ja dann im Juli gemeinsam feiern ... Nevada ist fast unbeschreibbar, riesige Berge, kochendheiße Hochebenen, Wilder Westen à la 1976, die einfachen Leute wahnsinnig nett und hilfsbereit, diese enormen Dimensionen ebenso erschreckend wie faszinierend, aber das alles muß ich erst destillieren, um etwas darüber sagen zu können. Jetzt sind wir wieder 3 Tage in L.A. (nachher sehe ich Bukowski) dann Montana, evtl. Memphis, dann Washington und ab ca. 14.6. New York. Der Film ist halb abgedreht, keine Ahnung wie er werden wird, ich mußte auch schon eine Rolle spielen. Alles sehr absurd. [...] Amerika ... was für eine Erfahrung ... und das Produktionsgeld schwindet dahin ... aber ich bereue wahrhaftig diese Strapazen nicht, auch wenn ich am Ende froh sein werde, wieder im ruhigen Schwabinger Keller zu sein. Jedenfalls wird es eine Masse zu erzählen geben. [...] Jetzt ist es 13.30, trotz Klimaanlage läuft mir das Wasser in Strömen runter, ich trinke ein Bier und lese Zeitung und warte auf den Abend und neue Gesichter, Erlebnisse ... alles Liebe, Jörg

J.F. 604 Riverside Drive, 137 St. NYC NY 10031 Tel 212-286-1475 Apt. 2 N
Den 17. Juni 76

Liebe Mammi, lieber Pappi,
jetzt bin ich also in New York Wir haben ein Apartment am Hudson River am Rand von Spanish Harlem gemietet – eine wilde aber nicht unfreundliche Gegend wo fast nur Puertoricaner Neger Chinesen etc leben. New York – [...] mir gefällts bis jetzt – es ist zwar alles etwas moerderisch aber als Metropolis per se natuerlich nicht ganz uninteressant. Ich bin aber wieder mal noch zu kurz hier um etwas darueber schreiben zu koennen. jedenfalls – es geht mir nach wie vor gut, mit dem Film bin ich zwar nicht sehr zufrieden, aber was solls – ich war hier.
und das war nicht ganz unwichtig. z.B. war ich letzthin 2 Tage in Baltimore wo ein sehr guter Poet und Zeitschriftenmacher lebt, der gerade 2 Gedichte von mir mit grossem Erfolg gedruckt hat, den habe ich besucht und bin fast wie in eine Familie aufgenommen worden. Ein emeritierter Literaturprofessor und Dichter Freund von Hemingway Anais Nin etc hat mir einige seiner Buecher mit Widmung geschenkt ein alter Freund von Neal Cassady jetziger Stellenleiter der Stadtverwaltung, hat mir seine Wohnung angeboten, ich koenne dort jederzeit leben und schreiben ... so etwas freut einen schon und staerkt den Ruecken. All das habe ich Carl Weissner zu verdanken – und natuerlich auch ein bisschen meiner Schreiberei, die sich sicher in die richtige Richtung entwickelt hat.
Ich hoffe ich werde noch genug Geld haben um Kerouacs Geburtsort Lowell besuchen zu koennen, wo er auch begraben liegt. An Stoff fuer Zeitungsartikel mangelt es nicht. Naechste Woche liest Bukowski hier, das wird sicher sehr lustig. [...]
Wuerde ich nicht in Muenchen leben, wuerde es mir sehr schwerfallen wieder zu-

rueckzukommen – die Unbarmherzigkeit in New York ist mir tausendmal lieber als die Luegen von Hamburg.
[...]
Gerade kommen die Leute zurueck und ich muss ein bisschen tratschen. Tausend Grüße, bis bald Jörg

New York, den 1.7.76

Liebe Mami, lieber Papi – dies wird wohl mein letzter Brief aus den USA sein. Unter unsäglichen Komplikationen nähert sich der Film seinem Ende. Ob ich dem Resultat zustimmen kann, weiß ich nicht, das ist mir aber auch letztlich egal. Ich hatte eine gute Zeit hier mit viel Neuem und Anregendem und neuen Freundschaften, das ist wichtig, das bleibt. Ich werde aber auch froh sein wieder in München zu sein. New York, diese geisterhafte Science-Fiction-Stadt, ist nichts für mich, obwohl es natürlich gut war, das mal zu sehen.
[...] Ich schwitze wie im Dampfbad, die Puertoricaner machen unaufhörlich Musik, an der Laterne vor dem Haus baumeln 3 Paar Turnschuhe (fragt mich nicht, warum) alle Hydranten speien Wasser aus und die Ratten warten auf die Nacht, alle Sorten von Ratten und alle Sorten von Menschen, und so ist New York halt eine Stadt wie jede andere, nur mit dem Tod hält sich hier keiner auf, solange er lebt ... irgendwo sitzen ein paar Dichter die schreiben, obwohl es völlig sinnlos ist. Ich werde heute nichts schreiben, ich werde schlafen. Das ist auch was, oh ja!
Allerbeste Grüße und Wünsche und bis bald, Euer Jörg

Den 6. August 76

Liebe Mammi, lieber Pappi,
[...]
Ich habe viel zu tun und bin eigentlich ganz guter Stimmung – abgesehen wenn ich Zeitung lese. (Unser TV hat keinen Ton mehr, also gibts auch von dieser Seite keine Ärgernisse.) Ich habe für Fischer nochmal 20 Gedichte überarbeitet und hingeschickt, bin aber der festen Überzeugung, daß da nichts draus wird; die wür-

den sich da auch komisch ausnehmen. Ein berliner Kleinverleger will unbedingt einen Band machen. Mal sehn. Kann sein daß ich nächste Woche einen Tag mal hinfahre (mit einer Freundin per Auto, kostet mich nichts) um den Herrn mal anzuschauen. Ansonsten soll ich für Playboy/Sounds/bayr. Rundfunk/Nationalzeitung lauter Sachen machen, wo ich doch eigentlich was ganz anderes machen möchte, aber die Kasse muß ja gefüllt werden. An dem Jugoslawien-Artikel bin ich gerade; war das vielleicht komisch da unten unter lauter Aktiv-Urlaubern ... habt ihr meine Karte noch nicht bekommen?
Besorgt euch doch übrigens mal in der Bücherei »Die Alexanderschlacht« von Herbert Achternbusch, das lese ich gerade. Gefällt mir gut. Ein bayerischer Sonderling.
Mit Klippert, Saarbrücken, telefoniert: »Ach ja, Herr Fauser, net des Sie denke isch hätt Sie vergesse, awwer ich bin ja sooo ellans, wo mir kaaner helfe duhd, un leb von de Hand inneren Mund, also des Ding hab isch immer noch net gelese, abber nehme duu ischs auf jeden Fall, jetzt fahr isch bloß 4 Woche nach Mallorka, un anschließend schick isch Ihne dann des Geld ...«
...
Hufnagel brütet in Wolnzach. Wenn ich im September komme zur Buchmesse, kann ich vielleicht einen der Herren dazu bewegen, mit mir zu kommen; ein Auto wird sich schon finden. Vielleicht schickt ja auch der VS einen Bus, wer weiß.
Ich hoffe, es geht euch einigermaßen, hier ist es schon ganz herbstlich. Viele guten Grüße, Euer Jörg

17. August 76

Liebe Mammi, lieber Pappi,
ja also Berlin war nichts, aber nach Wolznach fahre ich morgen GEWISS, um nämlich mit Hufnagel dieses Haidhausen-Hörspiel anzugehen; muß nicht, könnte aber was werden, das Hörspiel. [...] Der »Job« ist ein äußerst interessantes Buch, aber doch sicher nichts für Mütter! Mammi! Lies lieber »Erfolg« von Lion Feuchtwanger, was ich gerade tue (Kasten hat die Erstausgabe irgendwo aufgetrieben) – das ist ein hervorragender Schlüsselroman über das Bayern der 20er Jahre ... über den Gruhl habe ich gelesen, aber nie etwas von ihm gehört, wahrscheinlich hat er im Bundestag Maulkorb um und Redeverbot ... ich habe gestern meinen ersten

Amerika-Artikel für die NZ beendet, bin mal gespannt ob er ihn nimmt ... mit dem Artikel für die Zeit gibt es Schwierigkeiten, der Chefredaktor findet ihn zu literarisch, ja warum schicken die dann einen Literaten hin? Dilloo will ihn aber überreden, das Ding doch zu bringen. Diese Art von Kastraten-Journalismus ist ja wirklich zum Kotzen, da herrschen ja sogar beim Playboy freiere Zustände ... ansonsten schauts so aus, daß der Hufnagel eventuell bei Rogner & Bernhard herauskommt und meint, die würden eventuell meine Gedichte nehmen (von Fischer weder etwas zu den Gedichten noch die Stories, die sie nicht wollen, zurück – du siehst, Papi, überall das Gleiche!) Was ist ein Mini-Verlag? Der Ministe Verlag dens gibt ist glaub ich Limes, den führt eine Dame namens Schlüter seit 17 Jahren allein mit Sekretärin. Der Maro hat zwar keine Sekretärin (aber seine Frau) macht aber glaub ich jetzt besseren Umsatz als Limes. Diesen Berliner kenne ich nicht, aber wenn er unbedingt was machen will – warum nicht? Ich werde also diese Herren treffen, falls sie sich melden, obwohl ich ziemlich unter Druck bin (Auswahl und Titel für das Buch, Hörspiel, am 29. Schlußtermin Playboy, am 5. Sounds, am 12. Sonntagsbeilage) ... und Mitte September komme ich/wir (Hufnagel) nach Frankfurt ...
Einstweilen beste Grüße und Wünsche, vor allem für Eure Gesundheit, Euer Jörg

31/8/76

Liebe Mammi, lieber Pappi,
gerade hat endlich der Aurel Schmidt aus Basel angerufen: er ist ganz begeistert von meinem Amerika-Bericht und will, um eine Seite komplett zu füllen, auch noch ein Gedicht dazu. Da unter denen, die ich drüben schrieb, kein geeignetes für die Basler, muß ich jetzt noch schnell 2 zur Auswahl schreiben. Außerdem Fotos – aber ich hab keine, der Kameramann ist in Wien, die Stenzels in Oberbayern ... nun ja.
Ansonsten bin ich feste am Hörspiel, Arbeitstitel: Ein herrlicher Tag. Verschiedene Handlungs- und Dialogstränge, an sich einfach, aber es weitet sich aus ... Seite 14, und kein Land in Sicht ...
typische Situation: man sitzt da, schreibt und schreibt, und weiß nicht wovon die Miete zahlen ... in meinem Fall noch gut, da ich ja nicht unbedingt am 1. zahlen muß, und die Woche kommen auf jeden Fall noch 300 Mark rein ... aber immer-

hin – schizophren ist das schon. Insofern ist es schon ganz gut, wenn Leute wie der Wollschläger oder auch Krüger neulich das mal aussprechen. Ob es was nützt, steht freilich dahin, ich bezweifle es.
[...]
Den Zeit-Artikel bringe ich euch mit.
Ich muß weitermachen.
Viele liebe Grüße Euer Jörg

Den 1. Oktober 76

Liebe Mammi, lieber Pappi:
nachdem ich gestern 2 1/2 Stunden lang unsre Polit-Spitzen im Fernsehen bewundert habe, bin ich noch immer nicht geneigt zur Wahl zu schreiben. Ein solches Ausmaß an Dummheit, Häme, Verachtung, Arroganz und Kraftmeierei hab ich noch nicht erlebt. Nun denn, wenn Ihr diesen Brief habt, ist schon alles entschieden. Aber wie immer der Ausgang: AN MIR LAG ES NICHT: Anschließend dann Herr Ginsberg auf einer Kino-Bühne, eine traurige Parodie, auch noch singend ...
und heute ein Schrieb ausgerechnet vom Rotbuch Verlag, Berlin, jemand hätte gesagt ich schriebe gute Prosa, ob ich ihnen was schicke ...
der Amery, Lefeu, ist wirklich ausgezeichnet. Sehr schwirig zu lesen, aber stellenweise brillant. Und natürlich sehr bitter. Den Gruhl habe ich nicht in der Bücherei bekommen, auf Monate vorbestellt. Übrigens wählen in den Dörfern um Whyl 42% FDP. Meinem VS-Hausblatt entnehme ich, daß zu einem Treff, zu dem der VS Schwaben gebeten hatte, vor einer verschlossenen Gasthaustür 2 Vertreter des Landesvorstands und 1 Gewerkschaftler aus Augsburg, hingegen kein Mitglied des VS Schwaben sich im Regen versammelt hatten ... und der Autorenstammtisch wird mangels Beteiligung mit dem Übersetzer-Stammtisch zusammengelegt ... trübe Zeiten für die Organisation, anscheinend.
Unser Kameramann ist endlich wieder da & falls ich ihn morgen erwische, bekomm ich dann die Amerika-Fotos. Stenzel meint, er könne bald wieder einen Film fürs ZDF machen, wir sind also im Stadium der Stoffsuche, da er anscheinend will, daß wir das Buch zusammen schreiben.
Für 1974 soll ich 1602 Mark Steuern zahlen, bei 10600 Verdienst ... falls mich das

noch bis Sonntag aufregt, wähle ich doch noch, und zwar die Christliche Bayerische Volkspartei (Bayerische Patriotenbewegung).
So, ich habe heute, es ist 19 Uhr 30, erst eine Tasse Suppe und 2 Knäckebrote gegessen, und jetzt einen damischen Hunger, ich falle mal über den Eisschrank her. Bis zum nächsten Brief gibts vielleicht mehr Neuigkeiten! Sonst ist alles beim Alten, und das wünsch ich Euch auch Euer Jörg

8/10/76

Liebe Mammi, lieber Pappi,
vielen Dank für Brief & Ginsberg-Verriß, der mir doch ein bißchen zu scharf scheint – irgendein alter Haß, der da bei der Rezensentin aufbricht? Ich habe die Lesung, für Sounds, auch nicht gut gefunden, aber wozu dieser entsetzlich angestrengte Tonfall???
Am Sonntag kommt bereits die Pop Sunday-Sendung mit meinen Gedichten, ich rufe vorher noch an – falls Ihr die Musik dazwischen vertragen könnt. Ist glaub ich bis jetzt die beste. (=Pop Sunday ...) Ich bin jetzt noch mitten in Rezensionen & Artikeln für die National Zeitung, noch Hammett und eine größere Sache über amerikanische Schreiber, die ich da getroffen habe, dann ist erstmal Ruhe und ich kann das Hörspiel machen und Geschichten schreiben.
Was Rotbuch angeht – nicht von mir ging die Initiative aus! Wohlgemerkt! Ich glaube auch nicht daß ich bei denen was machen werde. Denn ... geschenkt. Allerdings – wie groß ist überhaupt irgendein Teil eines Volkes, für den ein mittlerer Verlag druckt? Und was »die Linken« angeht, ist das doch ein Trauerhaufen, in die Ecke gedrückt und wieder, oder vielleicht zum ersten Mal, was die Jungen betrifft, der Literatur ergeben ... was soll's. Außerdem ist all das momentan gar nicht aktuell, weil ich überhaupt noch nicht genug Stories für einen Band habe. Und erst DANN wirds vielleicht interessant ...
Inzwischen habe ich unseren Film gesehen, der doch ganz gut geworden ist. Stenzels haben sehr gut geschnitten. Er läuft am 6. Januar. Wäre doch schön, wenn ihr ihn irgendwo sehen könntet. Wir sind schon bei der Planung für den nächsten. ZDF sucht krampfhaft gute Stoffe.
Die WAHL, nun! Eigentlich lag ich doch gar nicht falsch, ein Prozent mehr hätte schon gereicht für den ewig kichernden Riesen aus Meenz, der ja jetzt in Bonn

von Strauß erst recht unter die Kandare genommen werden wird. Hätte sich die CDU nicht so weit nach rechts orientiert, hätte sie gewonnen. Wie Herr Kohl, empfinde also auch ich mich als moralischer (2.) Sieger ... was mir ebensowenig wie ihm was nützt. Was Jimmy C. betrifft, liegts wohl an seiner Stimme, die ihn etwas automatenhaft wirken läßt. Ich habe gestern die 2. Debatte im AFN gehört und die hat er klar gewonnen. Obwohl ich inzwischen auch meine Zweifel habe ... aber von so weit hinten gestartet und dann an der Spitze liegen, das geht sicher an die Substanz. Übrigens hat Ford ja gesagt, Polen wäre ein freies Land, haha! Und auf den Vorwurf, er hätte Solschenitsyn nicht empfangen, hat er gar nicht geantwortet ... Ich finde, die deutsche Presse wird einfach dem Phänomen Carter/Südstaaten nicht gerecht, kann es nicht begreifen. Südstaaten-Faschisten und wenn dann einer keiner ist wirds gleich unheimlich. Und ich möchte doch mal wissen was Herr Brandt dem Playboy auf die Frage nach seinem Sexleben geantwortet hätte, kicher kicher! Und jetzt reist Wallace durch Alabama & sagt lieber Carter im Weißen Haus als den Reaktionär Ford, da muß ja was nicht stimmen! Das läuft doch irgendwie auf der gleichen Linie mit dem, was mir Stenzel erzählte: daß seit 15 Jahren jeder seiner Filme, auch wenns nur ein 5-Minuten-Ding war, von der Frankfurter Rundschau, egal wer dort war, in Grund & Boden verrissen worden ist. Weil Carter nicht in ihr Klischee paßt, machen sie ihn fertig. Basta. Spricht doch nur FÜR Carter ...!
[...]
Alles Gute Euer Jörg

Den 9. November 76

Liebe Mammi, lieber Pappi,
merkwürdig, aber in meiner Zeitung fand sich kein Hinweis darauf, daß vor 38 Jahren die Kristallnacht war. Ich habe gerade ein Buch bekommen, in dem ein junger jüdischer Linker, ein WDR-Autor, die Übereinstimmungen zwischen Nazi-Antisemiten und heutigen Linksradikalen feststellt. Trübe Lektüre.
[...]
Ansonsten feile ich noch an meiner 15-Seiten-Erzählung. Prosa ist ein hartes Geschäft, weiß der Teufel. Gedichte eigentlich auch, aber die flutschen mir besser dahin. A pros pos Gedichte: mit Klett sieht es so aus: dieser junge Mensch ist

diese Woche dort und gibt dem Klett was zu lesen, er meint aber, daß der Klett, der ein Literatur-Novize ist, an sich auf seine Vorschläge eingeht. Nur sagt dieser Bursche, er selbst fände meine Gedichte zwar toll, wäre aber zu unerfahren, um sie zu lektorieren, schlug vor, Weissner solle das machen. Ja mei. Ich werde mich jetzt demnächst mal hinsetzen und nochmal 30 oder 40 abtippen und an Manthey, Neues Buch, schicken. Einfach um mal selbst zu testen wie der darauf reagiert. Hätte das schon längst gemacht, aber seinen eigenen Mist abzutippen ist nicht gerade die erfreulichste Tätigkeit.
[...]
Kaum hat Carter gewonnen, schreibt der Spiegel, der ihn bis dahin als Dummian geschildert hat, in höchsten Tönen. Naja. Sah Sonntag im Fernsehen einen Bericht über den Aufstieg von Karsten Voigt zum Bundestag. Mußte die ganze Nacht kotzen.
Bitte schreibt mir, wies euch geht. Was macht denn die Oma? Allerherzlichste Grüße und Wünsche Euer Jörg

Ich weiß, der Brief ist kurz, aber mir tut vom vielen Tippen der Rücken etwas weh. Aber sonst tip-topp.

22. Nov. 76

Liebe Mammi, lieber Pappi,
vielen Dank für Euren Brief, den ich erst jetzt beantworte, hauptsächlich weil mir nichts einfiel – mein Hirn ist manchmal gähnend leer.
Ich habe gerade das letzte von 33 Gedichten abgetippt, die ich morgen an Rowohlt/Das neue Buch schicken werde; denn so gut vielleicht ein Band bei Klett wäre, so weit ist 1978, und der Astel, mit dem ich heute nachmittag sprach, meinte auch, solche Wartezeiten wären einfach nicht zumutbar, vielleicht bei dicken Romanen, aber bei Gedichten? Also weg nach Hamburg damit, und mal sehn was die meinen. Ich rechne mit nichts, insofern hab ich keine Hoffnungen zu zertrümmern. Aber bei aller Skepsis, lese ich das Zeug, dann kann es sich eigentlich mit allem, was meine Generation so dichtet, messen – mindestens.
[...]
Heute kam die neue Basler NZ – mit meinem Chandler-Aufsatz, ich bring ihn

dann mit – und in der Leserbriefspalte x-empörte Leserbriefe, die ihre Abonnements kündigten. Ich habe sofort nach Basel geschrieben, was es damit auf sich hat. Wäre ja doch mistig, wenn deren Feuilleton jetzt nach den Wünschen der Inserenten gemacht würde. Ihr solltet mal die Sonntagsbeilage der Süddeutschen lesen – da gähnt man sechs Seiten lang.
Mit dem Redakteur vom Playboy gesprochen. Er findet meine Erzählung ausgezeichnet, aber, da in der Tendenz pessimistisch, für Playboys rosa Stimmungslage nicht passend. Hab ich mir gedacht. Nun, ich kann nicht extra Geschichten für Playboy schreiben. Aber leider gibt es ja hierzulande keine andere Zeitschrift, die so viel zahlt und soviel Leute erreicht. Pech, aber was solls. Ich glaube, ich kann aus der Story auch ein Hörspiel machen; werde das mal probieren, wenn das jetzige fertig ist, zu dem mir leider partout nicht der große Schwung kommen will. Ich bring euch die Geschichte – auch sie – mit. Und, falls bis dahin fertig, das Buch, die Mappe oder was immer, zu der Kasten gerade den Umschlag druckt.
[...]
Warum Kasten ein Gedicht von mir als Plakat gedruckt hat, weiß ich auch nicht, er war auf einer Ausstellung von irischen Druckern, wo jedermann drucken konnte, und da hat er, aus dem Gedächtnis, was von mir gedruckt – es haute zwar nicht ganz hin, aber immerhin hatte er über die Hälfte des Gedichts völlig im Kopf – von wem könnte ich das schon sagen? von mir bestimmt nicht. [...]
Zu Biermann fällt mir nichts ein, außer dem Alptraum, daß der jetzt ständig hier im Fernsehen und Gott weiß wo auftritt und damit die Linken, die gerade in Vergessenheit gerieten, wieder hochjubelt. Was für Aussichten. Aber diese DDRler sind saublöd. Das spielt sich doch alles in die Hände – Biermann, Strauß, DDR, Jusos, alles Seiten derselben Medaille: Möchte ich nichts mit zu tun haben. Ich habe übrigens die Habsburg-Artikel von Roth gelesen, da entwickelt er zu meiner völligen Zufriedenheit sein Anarcho-Monarchie-Konzept. Weltfremd, ja, aber was heißt das denn, welcher Welt denn fremd? Einer unglaublichen, unmenschlichen Schweinerei, bei der man allen Grund hat, »fremd« zu sein.
Überhaupt der Roth!
Bring ich euch auch mit, dann gibts wenigstens zu Weihnacht, wenn schon sonst nichts, was zum Lesen – für euch.
[...]
Allerbeste Wünsche und Grüße Euer Jörg
P.S. Bekomme graue Haare im Schnurrbart.

1/12/76

Liebe Mammi, lieber Pappi,
zurück von der kurzen Berlin-Reise (B. ist glaub ich nur noch eine Stadt für Rentner & Literaten) finde ich einen Brief von Manthey/Rowohlt, der, muß ich sagen, blitzartig reagiert hat: ich solle noch mehr und auch Erzählungen schicken. Tja. Was nun? Denn mit Klett bin ich keineswegs 100% sicher. Was der Lektor sagt, muß der Verleger ja nicht immer unterstützen; und Klett hat von meinen Gedichten nur ein paar, der Manthey aber schon 33 gelesen. Da ist guter Rat reichlich schwer.
Dilloo hat sehr nett geschrieben, wie gut ihm mein Amerika-Artikel gefallen hätte, viel besser als einer von R.W. Leonhard der vor einiger Zeit – dreiteilig – in der Zeit war. Und wenn sich was ergäbe würde er gerne mich nach USA schicken ... na denn.
Von der NZ nichts gehört. Sieht zugegebenermaßen schlecht aus. Aber bevor der Schmidt mir nicht schreibt, sag ich nichts.
Der berliner Verlag will von mir nächsten Sommer einen Band Stories machen. Das ist 100 Prozent. Von Maro hörte ich: beide Bücher so gut wie vergriffen. Damit hätte ich mit 2 Büchern ca. 400 Mark verdient, kaum glaublich, aber wahr. Ich bin mir sicher, daß er mich übers Ohr gehauen hat, aber wie kann ich ihm das nachweisen? Mit Playboy, na ja. Wär mir auch lieb, die hätten das Ding gedruckt, von wegen Peseten. Vielleicht schick ich die Geschichte dem Heißenbüttel, ob der sie bringt. Aber erst zeig ich sie euch. Und bis dahin muß ich noch eine neue schreiben und bei Pop Sunday loswerden – was für ein dämlicher Kreislauf, daß man nie einfach nur das schreiben kann, was man selbst will, und sonst nichts. Sollte ich bald wieder ein Hörspiel verkaufen, zahl ich das Finanzamt aus und setz mich mit dem Rest nach Mallorca oder Ibiza für 2 Monate ab und schreib nur Gedichte und Geschichten. Muß ich auch machen, wenn ein Buch zustande kommen soll ...
Ich glaube nicht, daß ich lang vor Weihnachten kommen kann – ich muß etliche Sachen schreiben, vor allem das Hörspiel, und hier arbeitet es sich besser ... vielleicht am 23.?
[...]
DDR alles Nazis, klar, aber das habe ich schon lange gesagt, und im Übrigen halte ich alle Kommunisten sowieso für Nazis, ist das selbe, keine Freiheit, keinen Jo-

seph Roth, aus. Irgendwie sind alle Politiker Nazis. Ekelhafte Besserwisser, potentielle Schergen. [...]
Alles Liebe, bis bald Euer Jörg

10. Januar 1977

Liebe Mammi, lieber Pappi,
[...]
Hier gibt es insofern etwas Neues, als heute ein Brief aus Basel kam und ich eben auch telefonisch mich mit Herrn Schmidt unterhalten habe. Es sieht so aus: 1.) weiß er noch nicht genau seine Funktionen 2.) will er meinen Artikel über amerikanische Autoren in der ersten Nummer der neuen Beilage am 6. Februar bringen 3.) gefällt ihm der Roth-Artikel (Hommage für Joseph Roth, ich werde ihn morgen fotokopieren und euch schicken) trotz meiner darin vorgebrachten Anti-Links-Spitzen, bloß weiß er noch nicht, wann er ihn bringen kann 4.) soll ich kleine Feuilletons, Beobachtungen etc., humorige kleine Anmerkungen, witzige Menschlichkeiten schreiben 5.) hat es den Anschein als wolle er meine Mitarbeit unbedingt erhalten, diese selbst ist also keinesfalls in Zweifel gezogen, es wird sich dann ergeben von Fall zu Fall, er will auch mehr literarische Reportagen etc. bringen, also in meine Richtung. Nun, man wird sehen! Wenn ich mal wieder etwas Geld habe, werde ich doch mal nach Basel fahren und mir das alles anschauen, ich bekomme geradezu schon Tränen in die Augen, wenn ich daran denke – »meine« Zeitung! In der Schweiz! Da ja jetzt die Petrochemie hinter allem steht, bezahlen sie hoffentlich auch mehr.
Den Dickens habe ich noch nicht angefangen, ich delektiere mich nächtlich an 3-4 Seiten Krlica sowie an einer Biographie über Franz Joseph I. Was für ein Kaiser! Was für eine Zeit! Dem Spiegel habe ich heute entnommen, daß Helmut Schmidt geäußert hat, er würde am liebsten sterben. Wohlan!
[...] Ein Schriftsteller namens Heidenreich ist mir unbekannt, wer ist das? So, das wärs für heute, ich muß unbedingt noch eine Kurzgeschichte für Gasolin schreiben.
Alles Gute Euer Jörg

Mittwoch 19. Januar 77

Liebe Mammi, lieber Pappi,
vielen Dank für den letzten Brief und das Urteil über den Roth-Artikel (den ich ja übrigens geschrieben habe, NACHDEM ich in Amerika war, wie viele brauchbare Gedichte etc. Ob also Amerika meiner Prosa geschadet hat, vermag ich nicht zu beurteilen, ich weiß auch nicht, was an der Ibiza-Geschichte amerikanisch ist! Aber ich hab inzwischen eine neue, die vielleicht besser ist – ich weiß es nicht.) Ich bin mal gespannt, wann und wie der Artikel kommt. Daß mich die »Linken« aufs Korn nehmen werden, wenn ich mit solchen Sachen fortfahre, ist mir klar (die »Rechten« wahrscheinlich auch, wenn sie genau hinkucken) aber das soll mir nur recht sein. Und im übrigen egal, alles egal.
Mittlerweile habe ich eine Sache, aus heiterem Himmel, die mir zwar viel Arbeit macht, aber auch eine Stange Geld bringt – nämlich 2000 Mark für die Übersetzung einer amerikanischen James-Dean-Biographie, ca. 150 Seiten Text. Das sind Verwandte/Freunde von Frau Ploog, die hier einen kleinen Film-Bücher-Verlag machen. Da das Buch tatsächlich sehr interessant, und nicht allzu schwer, ist, hab ich zugesagt. Der einzige Haken: ich muß in 4 Wochen fertig sein. Sie wollten an sich Weissner, aber der kann nicht, und hat mich empfohlen – weiß der Himmel warum, aber er nimmt an ich könnte gut übersetzen. Ich hab mich also mit Wörterbüchern eingedeckt und übersetze jetzt pro Tag meine zehn Seiten. Außer dem Honorar, das es bei Ablieferung gibt, plus zusätzlichem falls es mehr als 150 Seiten werden, hat die Sache einen Vorteil: ich lerne ganz schön Englisch.
Die Sache mit dem Playboy-Polizei-Artikel hab ich also erst mal auf Eis gelegt. Imgrunde sind die sich auch noch nicht klar, was sie eigentlich wollen. Vielleicht ist es auch besser, ich mach das gar nicht. Wenn man so Angebote kriegt, sagt man natürlich erst mal ja, schon aus Überraschung. Na, mal sehn.
Von Rowohlt und Hörspiel noch nichts gehört, Ende des Monats hake ich da mal nach. Dafür der junge Mann von Klett: ob ich evtl. auch – mit ihm – zu Hoffmann und Campe ginge, die haben ihm auch ein Angebot gemacht. Allmählich geht mirs wie weiland Barzel, d.h. ich blicke nicht mehr durch. Irgendwas muß ich wohl bald unternehmen, sonst ist auch für 78 alles voll. Wenn nur nicht das Abtippen so mühsam wäre! Aber man kann da ja keine Fotokopien hinschicken ... Doch, mit Stenzel mach ich auch den nächsten Film (allerdings nur: Buch), denn irgendwann bringt das auch Geld, und außerdem macht es Spaß. Was natürlich nicht heißt,

daß ich in dieses Gewerbe abrutschen werde, ich weiß schon, was MEINE Welt ist. Die Sache mit dem nächsten Film ist nämlich auch die, daß das Thema meine Idee ist. Übrigens haben wir damit bis August Zeit, und da ich ja eh irgendwann auf die Balearen fahren wollte, kann man das ja auch mit 2 oder 3 Wochen Dialogschreiben verbinden.
[...]
Ich muß zu Abend essen und dann übersetzen. Alles Gute, Euer Jörg

Den 25. Januar 1977

Liebe Mammi, lieber Pappi!
Vielen Dank für die reichliche Post und die Radierung, für die ich mich vielleicht nächste Woche mit dem Buch aus Kastens Werkstatt revanchieren kann: dann SOLL es nämlich fertig sein. Ich schreibe jetzt nur ein paar Zeilen in einer Übersetzungs-Pause. Von wegen Allround-Schreiber, naja! Wenn das Honorar nicht wäre ... heute kam auf eine Frage von mir, was denn nun wäre, prompt die Antwort von Manthey, es werde bald eine Klärung erfolgen: sein Mit-Editor Nicolas Born habe wegen Umzug noch keine Zeit gehabt, die Sachen zu lesen, dies werde aber jetzt geschehen. Ich habe ihm gleich noch meine letzte Geschichte geschickt. Ich schätze, daß ich also da bald klar sehen werde, bzw. dann nicht, wenn Rowohlt kein Buch machen will. Denn bei diesem Brunner ist mir nunmehr alles unklar. Ich werde dann, sobald die Übersetzung geschafft ist selbst was unternehmen.
Die Übersetzung geht, ich habe jetzt ca. 40% der Rohübersetzung und denke bis Mitte Februar fertig zu sein.
Und dann gehts weiter – entweder Playboy oder neues Hörspiel, am besten beides, plus Gedichte & Geschichten.
Aber Mitte März wollen Tom und ich wieder 1 oder 2 Wochen nach Ibiza/Menorca. [...]
Kannst Du, Mama, mir nicht ein Exemplar dieser Raddatzschen Roth-Schweinerei besorgen? Würde ich gern haben. Auch um zu wissen, was da eventuell mal auf mich zukommen kann. Die neue Basler Z. naht heran, mein Artikel (Amerika) soll mit 2 Fotos auf 2 Seiten kommen. Ich schick euch dann gleich 1 Exemplar.
Nicht böse sein wegen kurzem Brief, mir tut schon mein Tippfinger weh. Alles Liebe Jörg

3/2/77

Liebe Mammi, lieber Pappi,
vielen Dank für Brief und den Raddatz. Natürlich, so kann man den Roth wahrscheinlich auch sehen, obwohl sich in mir alles verkrampft, wenn ich das lese. Andererseits lese ich gerade Faulkner wieder, Wilde Palmen, und da gibt es auch Sätze die mir nicht ganz koscher vorkommen, was aber auch an der Übersetzung liegen mag. Ansonsten natürlich ein starkes Buch, und sehr christlich, oder?
Ich muß noch rund 4 Tage mit der Rohübersetzung zu Gang sein, dann kurze Pause, dann die eigentliche Arbeit. Schwer verdientes Geld, aber besser als gar keins. Übrigens macht sich eine gewisse Beharrlichkeit doch bezahlt, denn vorhin rief der Story-Redakteur von Playboy an und sagte, die Geschichte, die ich zuletzt angeboten hätte, sei so gut wie gekauft; ich muß nur 2 Übergänge, die etwas hart sind, abschleifen. Außerdem soll ich eventuell eine Reportage »Frankfurt zwischen Mitternacht und Morgen« machen, das entscheidet sich in den nächsten Tagen. Aber von Rowohlt noch nichts. Das Hörspiel habe ich auch noch an den WDR und nach Bremen geschickt, was solls. Ich habe auch mit Klippert gesprochen – die Produktion soll recht gut geworden sein, und wahrscheinlich wird es am 14. Juli (Vive la France!) über Stuttgart/Saarbrücken/Baden-Baden gesendet. Voilà: das Neuste.
Was Carter betrifft: abwarten. Soweit Republiken und Demokratie überhaupt möglich ist, scheint er mir der Beste. z.B. hat er von jedem Kabinettsmitglied rücksichtslose Offenlegung seiner Finanzlage und Finanzverbindungen gefordert. Wo fand das hier je statt??? Ich erinnere an Adenauer, Wienand etc. Von Arndt ganz zu schweigen, oder gar Strauß. Natürlich scheitert letzten Endes ein Moralist immer, aber bemerkenswert ist doch, daß er überhaupt gewählt wurde, gegen Widerstand von links und rechts.
[...]
Alles Gute Euer Jörg

22. März 77

Liebe Mammi, lieber Pappi,
ich hoffe, daß Kasten jun. euch inzwischen das ominöse Buch abgeliefert hat. Sollte es auf dem Postweg verschütt gegangen sein, sind 320 Mark im Ofen (das soll es nämlich für sog. Sammler kosten).
Inzwischen hat der Lektor von Klett angerufen (er wurde auch im Spiegel erwähnt, infolgedessen scheint an seinem Gerede doch was dran gewesen zu sein); er geht immer noch davon aus, daß wir im Mai bzw. Juni, wenn ich in Frankfurt bin, ein druckfertiges Manuskript zusammenstellen und dafür auch einen Vertrag aushandeln. Andererseits habe ich heute nochmals an Manthey geschrieben, was der Quatsch soll. Ich glaube also, daß ich - so oder so - bald Bescheid weiß.
Donnerstag in einer Woche lese ich in einer Galerie mit anderen Leuten, Bächler oder so. Das ist nichts dolles & außer Spesen nichts gewesen, aber sozusagen doch Reklame.
[...]
Wie ich, falls ich je nach Amerika ginge, dort überleben würde? Nun, schlechter als hier auch nicht; ich könnte übersetzen, im Verlag meiner Freunde arbeiten etc. Aber das ist ja momentan nicht gegeben. Erst will ich hier mal wissen, woran ich bin und ob dieser Scheißladen mir nicht die Gelegenheit gibt, das zu sagen, was ich sagen will. Und es so zu sagen, wie ich es will. Ich muß allerdings einräumen, ich sehe auf lange Sicht hier den Zusammenbruch jeder individuellen Chance, jedes auch noch so mild formulierten Außenseitertums. Man wird es sagen dürfen, aber sie werden einen dafür verhungern lassen. Nein, sie werden einen natürlich immer noch dies und das schreiben lassen, schließlich müssen sie ja ihre Programme füllen, aber wenn mir ein Hörspielredakteur schreibt, aus einem »kaputten« Bewußtsein (es geht um das Ibizahörspiel) ließen sich doch wohl keine »Funken« schlagen, dann weiß man ja, was gemeint ist.
Ich werde aber nicht klein beigeben; man lebt nur einmal.
Immerhin finde ich es gerade unter diesen allgemeinen Zuständen außerordentlich verwegen, daß der Klippert unser Hörspiel für den Preis eingereicht hat. Dimi wird sich im Himmel vor Lachen nicht halten können.
Ich habe eine neue Geschichte fertig.
[...]
Alles Gute Euer Jörg

P.S. Nun muß Herr Wallmann also mit Herrn Hoffmann zusammen – haha! Demokratie!

Ostersonntag, 10. April 77

Liebe Mammi, lieber Pappi,
draußen liegt Schnee und es ist mörderisch kalt – auch eine Art Frühling, denn dazu pfeifen die Spatzen und Amseln, wahrscheinlich aus dem letzten Loch.
Da wir vorhin erst telefoniert haben, weiß ich nicht, ob mir noch irgend etwas einfällt – wie gesagt, ich überarbeite jetzt nochmal 30 Gedichte, dann hätte Manthey ca 85, und wenn ich noch zwei Monate welche schreibe, vielleicht 100 – das müßte ja für einen Band reichen. Es schien mir nur so, als wäre er speziell an Erzählungen interessiert (wahrscheinlich auch kein Wunder, denn es gibt weniger Geschichtenerzähler als Lyriker – allerdings sind meine Gedichte ja überwiegend auch kurzgefaßte Geschichten), er will jedenfalls in einer der nächsten Literaturmagazine schon eine abdrucken, hoffentlich nicht die, die auch der Playboy drucken will ... oder den »Goldfisch«, denn der kommt im nächsten Gasolin ... immerhin – es SCHEINT so, als ob er sowohl an Ged. wie an Gesch. interessiert ist – und zwei Bände nächstes Jahr bei Rowohlt wären ja nicht schlecht!
In diesem Fall hätten die Herren Brunner & Klett sich halt etwas beeilen sollen. Am 17. April kommt wieder was in der Sonntagsbeilage – über James Dean. Das Buch wird wohl auch bald fertig sein. [...] Die Basler Zeitung ist übrigens – zumindest die Beilage – ein trauriges Beispiel dafür, wie eine linksliberale und immerhin sehr offene Zeitung durch den Zuzug von rosa Spießern und Knödelhirnen (oder was immer die in Basel fressen) zu einer politisch immer noch linksliberalen, aber kulturell verwässerten Zeitung wird. Ein seichtes Mischmasch in Vierfarbdruck. So ungefähr wie der neue frankfurter Magistrat, wenn ich mich nicht täusche. Übrigens waren in irgendeinem Stern mal Fotos von der Villa – und letzten Ruhestätte D'Annunzio – am Gardasee. Kennt Ihr die? Ein unglaublicher Kitsch - und Nippesorgie.
So, ich werf das gleich ein! Bis bald, herzliche Grüße u. Wünsche Jörg

Den 24. April 77

Liebe Mammi, lieber Pappi,
[...] Ich komme also dann Ende Mai – um den 22. herum – und fahre, wenn überhaupt, d.h. wenn ich Geld habe, von dort aus nach Berlin. Mit dem Geld sieht es insofern beschissen aus, als anscheinend keiner das letzte Hörspiel – ihr habt es gelesen – will: zu subjektiv, zu poetisch, zu negativ, was weiß ich. Nun gut, jetzt mach ich ein neues. Aber wenn mit Hörspielen nichts läuft, sieht es finster aus. Hundert Gedichte finde ich auch zuviel – aber ich nehme an, es ist wegen der Papierkosten etc. Herburgers letzter Band hat 170 (!) Seiten – und was für ein Mist. Nun, ich warte ab. Vielleicht entscheiden die Herren ja doch dagegen. Dann bin ich nur gespannt auf ihre Gründe. Aber sie fanden ja die Sachen »recht gut«.
Zu Born und »meiner« trostlosen Welt – hm. SOO trostlos finde ich die Welt eigentlich nicht – wenn auch tatsächlich jeden Sinnes bar. Die Natur ergibt eigentlich viel Sinn, aber der Mensch? Wozu dies Gewurstel? Sicher habt ihr recht – meine Generation hat eigentlich nichts, wofür es sich zu kämpfen lohnte, und ich glaube auch, daß die Schöpfungskraft im Menschen – zumindest im Westen – dahin ist, ausgelaugt, erschöpft. Woran glauben? An das Atom? An die Dichtung? Ich wünschte manchmal ich wäre Katholik oder Baptist, aber ich bin es nicht. Aber daß meine Gedichte trostlos wären, das finde ich doch nicht. Die von Born eigentlich auch nicht – der Mann ist nur hoffnungslos unterkühlt. Und seinen Roman habe ich nicht zu Ende lesen können, weil ich ihn langweilig fand. Das ist auch nicht MEINE Welt. Es ist wohl die Welt von Herrn Born, und nur die Ratten von Kritikern, die ständig alles auf einen Begriff bringen müssen, um ihre Brötchen zu backen, machen daraus den »Roman einer Generation«. Was für ein Haufen von Wichtigtuern und verlogenen Arschlöchern diese Leute sind, brauche ich euch ja nicht zu sagen ...
Wovor mir graut, und warum ich hier weg will, wenn es irgend geht, das ist ja der Funktionärsstaat von beamteten Redakteuren etc. Diese aufgeblasenen Seichtlinge machen doch alles kaputt. Selbst Beckenbauer geht nach Amerika, natürlich des Dollars wegen, aber selbst der wird noch andere Gründe haben. Mein Horror heißt Deutschland, ganz klar – aber sag das mal einem Funkredakteur!
Also, trist ja, aber nicht trostlos – mal sehn was langgeht.
Ich wünsche euch, für Pappis Bilder und Mamis Rolle, das allerbeste – und sonst auch!
Bis bald, Euer Jörg

[Wien] 5. Mai 77

Liebe Mammi, lieber Pappi,
vorgestern nacht sind wir per Zug angekommen, gestern habe ich praktisch nur geschlafen – alles sehr strapaziös. Aber der Film hat eigentlich gut eingeschlagen, diese etwas bemühte Mischung aus Spiel-, Dokumentar- und Kunstfilm gefällt dem Wiener Publikum. Schlechte Presse bei den Boulevardzeitungen, gute in der »seriösen«. Und was das Wichtigste ist: neuer Film finanziell praktisch gesichert, d.h. im Juli oder August schreiben wir ein Buch, für das ich auch sofort bezahlt werde. Stoff: Bakunin in Salzburg, mit Bernhard Wicki als Bakunin. [...]
Mit der Finsternis hast du natürlich irgendwo recht – vielleicht zusätzlich zur Querschnittsgelähmtheit eine Atomverseuchung. Inzwischen sieht meine Zukunft, was die Piepen angeht, auch wieder rosiger aus, denn auf die Dean-Übersetzung habe ich schon zwei Angebote, unter denen ich praktisch aussuchen kann – alles keine Literatur, aber Geld. Außerdem glaube ich, daß das Hörspiel, was ich jetzt fertig mache, genommen wird – und wenn nicht, schreibe ich eh Filme, siehe oben.
Wien war eigentlich sehr schön, ich schätze diese verschlampte gemütliche Fiesheit eigentlich, gerade auch in der »Kunst«-Szene die die Stenzels kennen, d.h. ich schätze sie eigentlich nicht, aber für ein paar Tage ist sie ganz lustig. Außerdem haben wir praktisch von morgens bis abends bzw. nachts getafelt und ich habe vor lauter Mehlspeisen mindestens 3 Pfund zugelegt. Die sind aber auch zu gut! Gewohnt habe ich bei dem Kofler, den ich damals mit Kasten kennengelernt hatte. Er riet mir, mit meinen Sachen zu Wagenbach zu gehen, weil der halt doch individueller sei. Nun sind bei Rowohlt wieder alle verreist, und ich hätte eigentlich gute Lust, denen die Sachen wieder wegzunehmen – aber der Kofler brauchte damals ungefähr 2 Jahre, um sein Buch unterzubringen ... vermutlich warte ich also noch. Die Bukowski-Kritik war ja hanebüchen. Aber wozu über Kritiker reden? [...]
Ich muß jetzt mal sehen, was ich in nächster Zeit übersetze und wie lang das dauern wird – aber die Berlin-Reise muß ich sicher verschieben. [...]
Alles Gute Euer Jörg

Den 17. Mai 77

Liebe Mammi, lieber Pappi,
ich fürchte, ich kann erst am 26. kommen, a) Geld, b) Herr Buggert, c) möchte ich auf dem Rückweg Weissner die ersten 20 Songs in der Übersetzung zeigen, damit ich sicher bin daß alles stimmt, denn darauf bekomme ich dann Vorschuß. Aber wir werden ja noch telefonieren.
Der Hufnagel meint übrigens, daß Klett nichts für mich wäre, da kämen vorwiegend Formalisten und Schöngeister ins Programm. Übrigens würde ich auch ungern in einer Reihe erscheinen, in der Autoren rauskommen sollen, die »in das qualitätsbewußte Hauptprogramm noch keine Aufnahme finden können«. Aber warten wirs ab. Ich rechne nach wie vor auf Rowohlt.
Der neue Film sollte schon ein abendfüllender Streifen mit Unterhaltungswert sein, denn der Stenzel will schließlich auch mal was verdienen, und erst wenn er verdient, verdiene auch ich richtig, und überhaupt ... das schließt ja nicht aus, daß man trotzdem was halbwegs manierliches zustande bringt, im Gegenteil. Bakunin war nicht, war nie in Salzburg, bei Salzburg dachten wir auch mehr an die Kulisse, es könnte genauso Bern oder Zürich sein. Im übrigen steht ja auch noch überhaupt nicht fest, was für eine Handlung abspielen soll. Ich finde nur der Bakunin ist ein großartiger Stoff, für den auch Publikumsinteresse da ist. Aber ob wir nun eine historisch belegte Episode nehmen oder etwas erfinden und was für Figuren noch alles auftauchen etc.pp. das werden wir erst dann herausfinden, wenn wir das Buch schreiben – also im Sommer. Übrigens hat Ricarda Huch ein Buch über B. geschrieben, ich bekomme es vielleicht heute noch. DAVON erfuhr ich in der Schule NICHTS. Vielleicht mir Recht ...?
Wann fahrt ihr denn nach Paris? Ich muß, wie gesagt, am 10. Juni in Saarbrücken sein – Astel will dann auch wieder eine Sendung machen. Käme sicher über Frankfurt – je nach Stand der Übersetzung am 8. oder 9. Und am 18. fahre ich dann nach Zürich zu einem »Festival der Poesie«.??? + Basel, wo ich endlich mal den Aurel Schmidt kennenlernen werde. Nach Paris würde ich ja auch gern mal, aber wiederum – wozu? [...]
Ich kann euch sagen – lieber Schlager selbst schreiben als übersetzen! Aber bei dem Honorar rentiert es sich halt. Aber die andere Übersetzung hab ich abgelehnt – was zuviel ist ... [...]
Viele herzliche Grüße, Euer Jörg

Den 11. Juni 77

Lieber Pappi, liebe Mammi,
[...] Ich weiß jetzt, warum der Lektor Brunner nichts von sich hören ließ, ich rief nämlich bei Klett jun. an – Brunner ist anscheinend vor ein Auto gelaufen und hat die Erinnerung verloren. Ist das nicht gräßlich? Ich habe Klett die Gedichte geschickt. Aber ob er sie nimmt ...?
Über Arbeit kann ich mich aber nicht beklagen, im August soll ich für den Playboy einen Artikel über Happy Pills schreiben bzw. die Leute die sie nehmen. Ja, Bakunin! Die Huch ist wirklich ausgezeichnet. Was den Film angeht – ich weiß daß das schwierig wird, zumal bei diesem Stoff und der »Lage« jeden Moment sämtliche Geldgeber abspringen können. Wir haben uns jetzt eine Handlung um den Aufstand von Bologna herum ausgedacht, die an sich ganz gut ist. Natürlich steht alles bei dem Mann, der den Bakunin spielen wird. Im Augenblick tendieren wir doch eher zu Qualtinger, obwohl der auch nicht der ideale Typ ist. Jannings, ja, hervorragend, aber tot, und kein anderer in Sicht ... vielleicht der Herr Reichmann? Ich hoffe ...
Ich glaube schon, daß wir als Sinn des Films die Sinnlosigkeit der Politik im Kopf haben – was sonst? Aber schreib dafür mal einen Dialog ... ich kann nachts kaum noch schlafen. Andererseits nehme ich das Projekt auch als persönliche Herausforderung und als Nagelprobe in dieser Branche. Für die ich – von weitem gesehn – momentan lieber tätig wäre als beispielsweise die deutsche Kulturbuchbranche. Was nicht heißt, daß ich nichts mehr schreiben werde, nur: wenn Leute wie dieser Manthey (und sein Ratgeber) (ich habe ihm doch einen scharfen Brief geschrieben) das Sagen haben, wer was lesen darf, dann Addios.
Übrigens war Bakunin, wie Du ja gelesen hast, Musikliebhaber, was sich in einem Film wahrscheinlich besser macht als wenn er Bilder gesammelt hätte.
Was mich für den Film etwas hoffen läßt, ist die gute Atmosphäre die sich bei der Arbeit mit Stenzel ergibt, der sich wirklich zwanzig Stunden hintereinander für eine Szene engagieren und auf sie konzentrieren kann und mir andererseits nicht unbedingt 100% so sympathisch ist, daß ich ihm alles durchgehn ließe und wir reibungslos funktionieren würden – das gibt ganz gute und notwendige Spannungen. Aber, wie gesagt, für die Realisierung ist viel Geld nötig, und daran kann alles scheitern. Ich bekomme allerdings nach Abschluß der Schreiberei zehntausend Mark sofort und später, falls es läuft, nochmal zehntausend.

Zum Asketen bin ich nicht geboren, mir knurrt der Magen und die Vorstellung von einem Stück Brot mit Blutwurst bringt mir Tränen in die Augen – aber als Übung fand ich diese 5 Tage nicht schlecht. Nur Wasser und Gemüsesaft!
Bien, ich muß übersetzen – ruft doch mal an oder schreibt, wenn ihr zurück seid!
Alles Gute, herzlich Euer Jörg

z.Zt. Calle Ramón Lulio 23, Portals Nous, Baleares, Espana

18. Juli 77

Liebe Mammi, lieber Pappi,
[...]
Unser Skript geht langsam voran, wir haben ca 35 Seiten (von ca 200, die es haben muß) und allmahlich bekommt die Sache und die Personen Konturen. Aber der B. bleibt eine rätselhafte Figur, und der A. ein sehr ambivalenter Kino-Stoff. Nun denn, es muß jetzt sein. Wir schätzen, daß wir Anfang August mit dem ersten Durchgang fertig sein werden und dann den zweiten in München machen, wo dann alles gleich kopiert werden muß etcpp. Und danach ist erst mal Schluß mit dem Film. Die Schwierigkeit liegt natürlich vor allem darin, daß man immer haarscharf auf einer Kippe liegt, ein Wort zuviel und niemand gibt einen Pfennig für das Projekt.
Imgrunde war es wahrscheinlich richtig, das Buch hier zu schreiben, wo so vieles davon in der Luft hängt; aber erst muß es mal geschrieben sein. Auf der Terrasse liegt die Katze, die sich mir sofort angeschlossen hat, und ein leichter Wind geht durch die Pinien, aber es ist drückend schwül. Ich hoffe ihr habt es nicht so heiß. Ich muß jetzt weitermachen. Übrigens war Wagner wirklich Revolutionär und hat auch auf den Barrikaden gestanden und später auf einem Kirchturm als Beobachter. Aber das war wohl mehr eine Operettenrevolution, und B. hat sie auch kaum Ernst genommen – aber darüber, und anderes, mündlich mehr.
Müde, schwitzend, aber halbwegs aufrecht grüßt Euch herzlichst Euer nun alter Sohn Jörg

Portals Nous, den 28. Juli 1977

Liebe Mammi, lieber Pappi,
[...]
Mit unserem Script sind wir jetzt ca 2/3 durch, da es jetzt infernalisch heiß wird, machen wir den Rest doch lieber in München, weil wir auch noch einiges historische klären müssen. Ich habe eigentlich ein ganz gutes Gefühl, obwohl der Dialog manchmal etwas literarisch ist. Aber das kann man noch ändern, wie überhaupt der 2. Durchgang ja der entscheidende ist. Den machen wir dann in einem Stück draußen bei Stenzels. Ich nehme an wir werden den Termin gerade so schaffen. Für mich ist es eine der kompliziertesten und strapaziösesten Arbeiten die ich je gemacht habe. Dagegen ist ein Hörspiel ein Hüsteln am Morgen.
[...]
Leider war der Stierkampf nicht gerade umwerfend, aber dennoch – welch großartiges Schauspiel! Das haben die Spanier allen Völkern voraus.
Heute werden wir einen letzten mühsamen Arbeitstag machen, morgen Einkäufe, und Samstag oder Sonntag zurück. Übrigens halte ich Hemingways Story von dem hell erleuchteten Café für eine der besten Sachen, die je über Spanien geschrieben wurden. Kein Tourismus hat sie weggekriegt – die Cafés, die Kellner, den alten Mann, das Nada.
Alles andere mündlich! Ich umarme euch, Euer Jörg

Samstag, den 20. August 77

Liebe Mammi, lieber Pappi,
ich warte auf Herrn Stenzel, der mich abholen wird, um das Buch nochmal durchzugehen, und schreibe Euch schnell.
Was ich bei dem Drehbuchschreiben gemerkt habe, ist, daß ich kein Drehbuchschreiber bin. Ich glaube zwar, daß das Buch nicht schlecht ist, aber ich halte es insofern für mißraten, weil es wahrscheinlich viel zu heftig ist (und viel zu literarisch) als daß dafür jemand Geld geben wird. Nun, das wird sich herausstellen; ich bin jedenfalls froh, daß dieser Ausflug in eine andere Branche für mich beendet ist – bei meinen Gedichten z.B. fühle ich mich wohler.
[...] Alles Gute + viel Sonne Euer Jörg

München, den 29. August 77

Liebe Mammi, lieber Pappi,
es haben sich ein, zwei Neuigkeiten ergeben, davon eine, die ich euch doch mitteilen will. Der Playboy hier will mich nach Los Angeles schicken, um ein Interview mit Bukowski zu machen. Nach einigem Zögern habe ich zugesagt. Ich fliege wahrscheinlich Ende dieser oder Anfang nächster Woche und bin so um den 15.9. oder 20.9. zurück, komme dann gleich ins Burgfeld. Warum ichs mach? Na ja, es ist nicht nur das Geld. Ich schätze diesen Mann, und ich fand Los Angeles sehr beeindruckend, und kann auf diese Weise beides überprüfen.
Da auch Rogners Magazin – morgen wird Nummer 1 gefeiert – meine Mitarbeit unbedingt will, werde ich die nächsten Monate wohl ein bißchen Journalismus machen – auf meine Weise. Wäre ich meiner Schreibe nicht halbwegs sicher, hätte ich einen gewaltigen Bammel vor diesen Sachen, aber so ... ich glaube kaum, daß meine Gedichte und Geschichten unter der Zeitschriftenarbeit leiden werden. Ich habe übrigens Kontakt mit dem Dichter Soik in Celle – ich glaube ich hab euch von dem Mann erzählt – aufgenommen und werde ihn mal besuchen. Schreibt wirklich erstaunliche Sachen, bring ich dann mit.
Von Brunner nichts gehört. Allmählich hab ich diese Verlage über. Die Monika Nüchtern, die das Dean-Buch gemacht hat und für die ich nächstes Jahr ein Brando-Buch mache, will ab 79 Belletristik herausbringen, und ich habe nicht übel Lust, meine Sachen bei ihr erscheinen zu lassen. Verkaufen tut die auch, und mit diesen Buchfabriken wird es doch immer krankhafter. In einer Woche haben sie 100 Tausend »Butt« verkauft. Das erinnert doch fatal an Wachstum, Helmut Schmidt, Größenwahn und Totaler Staat. Und die kleinen engagierten Verlage mit ihren 1, 2 Mann haben doch mittlerweile auch ihre Kundschaft. Wozu sich dann mit Leuten wie Manthey oder einem (neuen) Lektor von Klett herumschlagen, der mir, ich zitiere fast wörtlich, schrieb: habe mir mit ihren Gedichten ein paar nette Stunden gemacht, müßte jetzt was sagen, sage ich, Sie sind gut, ist das schlecht für meinen Ruf, weil Sies weitersagen, sage ich, Sie sind nicht gut, ists auch schlecht, weil Sie denken ich wär ein Banause, also sag ich garnichts und schick Ihnen Ihr Zeug zurück. Was sagt man dazu? NEIN DANKE! Hätte ich nicht etwas Stehvermögen (von Euch mitbekommen) und Verdienst- und Erfolgsmöglichkeiten woanders, würden mich solche Briefe in Gott weiß welche Rage bringen. Aber was solls ... dann doch lieber Los Angeles auf Kosten von Herrn Bauer,

da weiß man, was man hat und was man nicht hat.
Übrigens bin ich jetzt – mit Weissner – tatsächlich »Europäischer Mitherausgeber« einer der 2 Zeitschriften, die mein Freund Plymell in Baltimore macht. Und er schrieb, neben seinem Haus im »Tal der Kirschen« im Staat New York wäre ein Haus zu haben. Ich ruf ihn mal von L.A. aus an und frag was es kostet. Vielleicht kann ich ihn auch irgendwie kurz treffen. Die Gegend dort muß sehr schön sein.
[...]
Meine schönsten Wünsche für euch beide, laßt's euch gutgehn. Euer Jörg

[Oktober 1977]

Liebe Mammi, lieber Pappi,
[...]
Ja mei, der Film. Es soll ja Leute geben, die ihn sich schon 8 mal angesehen haben. Mir schleierhaft, warum. Einige sagen, der Dialog sei hervorragend. Andererseits sagen manche – vor allem diese Kaugummi-Wahnsinnige – ihren eigenen Senf. (Diesen Strip hat die auch einfach so hingelegt, und der Kameramann hat halt draufgehalten.) Ich glaube nicht, daß man den Stenzel nur aufgrund dieses Films beurteilen kann (ich kenne allerdings nichts anderes von ihm), und beim Bakunin wären ja auch ganz andere Pressure Groups (zB Produzenten) am Werk (zB auch ein Spezial-Regisseur für alle Massenszenen etc.) Meinen eigenen Auftritt bitte ich auch schnellstmöglich zu vergessen – ich habs wirklich nur getan, um 20 Dollar für einen Darsteller zu sparen. Ansonsten stimme ich euch zu von wegen Künstelei und so, aber wenn einer an Duchamp einen Narren gefressen hat, ist sowas sicher nicht zu vermeiden. Ich kenne von Duchamp nur das, was in dem Film auftaucht, und ein paar Bilder in Philadelphia, und weder so noch so kann ich was mit dem Mann anfangen. Aber ich war auch wirklich nur der mit 500 Mark plus Spesen bezahlte Dialogschreiber ... der Rest sei Schweigen.
Ja, auf der Buchmesse ging es ganz fröhlich zu, wahrscheinlich haben sich viele gesagt, seid fröhlich solang es noch geht. Nächstes Jahr sollen drei Bücher von mir kommen (Brando, Gedichte, Aufsätze), dann ein Band Storys. Aber wer weiß, was die Zukunft bringt. Jetzt erkundigt sich Hans Bender von den Akzenten nach Gedichten für eine Anthologie bei Hanser. Auf einmal melden sich diese Leute, was soll das. Na, ich habe ab nächstes Jahr die Möglichkeit, ein eigenes Programm

auf die Beine zu stellen. Beim Playboy bin ich allerdings sehr geschätzt, und die Leute bei Rogners würden mich sicher als zusätzlichen Redakteur einstellen, falls ich das wollte und der Verlag die Märker ausspucken würde. Aber denen geht auch schon der Arsch auf Grundeis, sogar Schulbücher sind keineswegs krisenfest. Sonst nichts neues. Ich ziehe ja bald um, und dann hol ich auch die Bücher ab. Im Übrigen: Deprimation, und kein Ende abzusehen. Was für Zeiten! Aber wohin, wohin???
Alles Gute und bis bald Euer Jörg

Mittwoch, 23. November 1977

Liebe Mammi, lieber Pappi,
was mein »tägliches Leben« angeht – von dem Ihr Euch kein Bild machen könnt – jeh! Was soll ich dazu sagen? Ich steh so zwischen 8 und 11 auf, lese Zeitung, trinke Kaffee, schau nach der Post, mach meinen Rundgang, besorg was zum Essen & Trinken, setz mich an die Schreibmaschine. Abends dito oder ich geh mit Freunden was trinken. Nur war ich jetzt hin und wieder in der Rogner's Redaktion. Schlafen geh ich zwischen 2 und 4. Manchmal gelingt es mir, etwas brauchbares zu schreiben, manchmal nicht. Ich sehe allerdings PRINZIPIELL keinen Unterschied zwischen einem guten Gedicht und einem guten Artikel – obschon ich weiß, daß das Gedicht in irgendeiner Endabrechnung mehr zählt. Aber warum? Es gibt bestimmt mehr gute Artikel gleichwelchen Inhalts in der Welt als gute Gedichte. Bei Bildern ist es glaub ich anders. Natürlich ist diese Art KulturVERMITTLUNG etwas strapaziös und mir fallen auch schon büschelweis die Haare aus (im Ernst): aber einmal halte ich sie letzten Endes für relativ wichtig, und 2. kommt erst das Fressen und dann der Lorbeerkranz, wenn überhaupt.
Aber zu Rogners: er ist schlichtweg von dem Beltz Verlag über dessen wahre Finanzkraft getäuscht worden, bzw. war dieser der Illusionist bzw. ist dieser ein Kapitalist, der vom Kapitalismus weit weniger versteht als z.B. ich. Rogner sucht also einen neuen Geldgeber, wobei sich niemand Illusionen macht; das wird schwer. Anscheinend wird aber das 4. Heft doch noch von Beltz finanziert, und damit steigen die Chancen beträchtlich, denn es ist inhaltlich das weitaus beste. Ob so oder so – eine Zeitschrift dieser Art wird es sicher wieder geben. Mit 2 Heften zehntausend Abonnenten, das zeigt doch was.

Inzwischen läuft hier der Film, in einem großen Kino, und auf einer großen Leinwand sieht er doch recht gut aus. Am Samstag war ausverkauft, wie er unter der Woche läuft weiß ich nicht. Aber ich bin sicher, daß er immer wieder in Nachtkinos auftauchen wird, weil er doch letztens Endes vollkommen zeitlos ist. Das neue Bakunin-Buch würde mich SEHR interessieren, zumal ich ja noch für die Basler den Artikel schreiben will; könnt ihr mir nicht Verlag/Titel/Autor sagen????
[...]
Herzliche Grüße und bis bald Euer Jörg

Donnerstag, 16. März 78

Liebe Mammi, lieber Pappi, Danke für Brief und FAZ. Zum VS nur soviel – ich warte auf die günstigste Gelegenheit, aus dem Verein auszutreten (Mitgliederversammlung o.ä.) Natürlich schweigen sie jetzt, weil sie sich schämen. Eisendle hat mir erzählt, wie das in Österreich bei der Grazer Autorenversammlung war, als da auch mal einer den Vorschlag gemacht hat, in die Gewerkschaft einzutreten. Daraufhin stand H.C. Artmann schäumend auf und sagte, werter Herr, noch ein Wort und ich fordere Sie! Womit das Thema beendet war. Ich trage mich mit dem Gedanken, irgendwann wenn ich alt bin die österreichische Staatsangehörigkeit zu beantragen (mit dem Zusatz: Hesse), falls es Österreich dann noch gibt.
[...]
Ich habe gestern das vorletzte Kapitel abgeschlossen und trage es nachher zum Playboy. Glaube nicht, daß die es drucken, denn es ist völlig gegen die ganze Weltanschauung der Leser dieses Blatts (und seiner Besitzer). Ich finde es das beste vom ganzen Buch, läßt an Deutlichkeit wohl nichts zu wünschen übrig. Ein großer Verlag (in Deutschland) würde das wohl auch kaum drucken. Jetzt habe ich noch ca 20 Seiten, dann ist Schluß. Ich habe mir überlegt, das Finanzamt erstmal zu ignorieren, zahlen kann man immer noch, aber Frankreich im Frühjahr, das gibt es vielleicht in dieser Form auch bald nicht mehr. Inzwischen bin ich wieder sehr skeptisch, was die Wahl angeht. Leider wirkt dieser Chirac irgendwie nicht seriös genug, obwohl er es vielleicht ist, während man ja von Leuten wie Marchais gar nicht erwartet, daß sie seriös sind. Und zu wissen, daß womöglich diese Reste der Provinzjakobiner in der Gironde und in der Auvergne, diese Apotheker und Ad-

vokaten von den Radikalliberalen, die KP an die Macht bringen! Na ja, was solls. Die Demokratien sind am Ende. Im österreichischen Fernsehen (die bringen ab und zu ganz merkwürdige round table Diskussionen) sagte gestern ein alter katholischer Professor: Nur das Vertrauen in Gott hilft noch, und im übrigen hilft auch das nichts, weil überhaupt erst das Jenseits zählt. Im Fernsehen!
[...]
Ich freue mich schon darauf, den Roman zu schreiben. Überhaupt ein Buch zu schreiben, selbst ein »Sachbuch« ist doch herrlich, ein herrliches Gefühl!
Ich lese gerade: Der edle Wilde (Gauguin), kennt ihr ja sicher. Was für ein Leben! All diese Maler in ihrer grauenhaften Armut, und dann diese Bilder! Wie ist die Welt seitdem verkommen.
Einstweilen herzliche Grüße + Wünsche, und bis bald Euer Jörg

P.S. Morgen Zahnarzt! O Grauen!

Den 3. April 78

Liebe Mammi, lieber Pappi,
entschuldigt bitte, daß ich so lange nicht geschrieben habe, ich war (und bin) zu verstört, um zu schreiben. Aber es muß ja weitergehen, dieses sinnlose Leben. Ich werde euch jedenfalls besuchen, sobald ich die nächste Arbeit beendet habe, ich muß unbedingt wieder meine Schreiberei in den Griff zu bekommen versuchen, sie ist doch das einzige, was hält.
Sie, und natürlich Eure Sorge und Liebe, derer ich mir sehr bewußt bin, seid dessen versichert.
Das Buch geht morgen in den Satz, ein Spiegel-Redakteur, der ein Kapitel las, sagte, es sei das Stärkste, was er seit langem gelesen habe. Er bemüht sich persönlich noch um Fotos. All das sagt natürlich nichts, aber vielleicht wird es jedenfalls kein völliges Fiasko. [...]
Dem Finanzamt soll ich für 76 zahlen: 1412 Mark, das geht gerade noch, fällig im Mai. Und dann natürlich die Raten, 400 Mark. Ich werd's schon schaffen. Herr Krüger hat nun die Konsequenz gezogen, aber was solls. Ich nehme an, daß in spätestens 20 Jahren Künstler es nicht mehr, sondern nur noch Meta-Künstler geben wird, die Dramaturgen schreiben die Hörspiele und die Kritiker die Romane, und

die Bilder malen die Computer. Leider kann man aber nicht rückwärts leben. Die Entwicklung des Menschen – ein Irrtum. Aber Herr Amery glaubt nach wie vor an Aufklärung und Fortschritt.
Bitte ruft jederzeit bei mir an, wenn ihr mit mir sprechen wollt. Bis bald alles Liebe, Euer Jörg

Mittwoch, den 14. Juni 78

Liebe Mammi, lieber Pappi,
[...]
Übrigens schaffe ich keineswegs 5 bis 6 Seiten pro Tag, das war mal eine Ausnahme, und vom 1. Kapitel, das ich gerade umschreibe, bleiben nur wenige Sätze. Aber wenn ich an Flaubert denke ... (ich lese gerade wieder seine Briefe) ... nun, er hatte Zeit, eine Rente, langen Atem etc. Trotzdem wünschte man diese Lektüre manchem meiner Generation (und natürlich auch mir). Er steht eben doch – finde ich – weit über allem, was das 19. Jhdt. an Literatur (erzählender) hervorgebracht hat, und das war ja nicht gerade wenig. Balzac, Genie, gewiß, aber – siehe Zweig – als Stilist eben doch verdorben, erinnert mich in vielem an heute, das Schnelle, auch Roth, teilweise, von uns (meiner Generation) ganz zu schweigen – die Verwertungsgesellschaft!!
Was den Film angeht, bin ich wieder ganz unsicher – soll ich das wirklich machen? Soll ich nicht lieber Literatur machen? Ist nicht selbst ein Ausflug in dieses Metier schon ein Verrat an dem bißchen Kunst, das ich – manchmal – im Gefühl habe? Ich weiß es nicht. Aber ich werde es mir sehr bald sehr genau überlegen müssen. Mir ist der FILM, diese Branche schlechthin, suspekt. Verkaufe ich nicht einen Teil meiner Seele, wenn ich dieses Zeug mache? Ohne zu wissen, ob nicht meine Literatur viel besser ankommt, wenn sie denn erst kommt? Oh, ich liege viele Nächte schlaflos da. Aber sonst geht es mir gut, ich habe zu essen, zu trinken, zu rauchen, Bücher, Papier, was will man mehr?
Alles Gute und Liebe Euer Jörg

Mittwoch, 5. Juli 78

Liebe Mammi, lieber Pappi,
habe gerade das 7. Kapitel beendet, jetzt noch zwei mit ca. 35 Seiten vor mir. Das schwierigste Kapitel ist das jetzt folgende, der Höhepunkt; ich rechne dafür 2 Wochen. (Wenn man bedenkt, daß ich mindestens noch mal so lang an den Textrevisionen sitzen werde, kommen ca. 25-30 Seiten im Monat raus; das scheint mir wenig!) Ich glaube also, daß ich dann Ende Juli kommen werde, vor dem Ausflug nach Niederbayern; denn das letzte Kapitel, nur 10 Seiten, ist leicht, und das kann ich dann auch dort schreiben. [...] Aber der Mensch denkt, der liebe Gott hustet sich was (ich lese übrigens fast täglich im Alten Testament.)
Die Balzac Biographie hab ich durch – grandios! Quel homme! Hätte er nun, wie Flaubert sagte, auch noch »schreiben gekonnt«! Falls es dieses Buch noch im Handel gibt, wäre das ein schönes Geburtstagsgeschenk für mich.
Ah, ich muß unbedingt frische Luft schnappen. Wie Balzac das alles gemacht hat, ist wohl eins der größten Menschheitsrätsel.
Ich habe Sonntag dem Abmeier 1 Kapitel gezeigt; es hat ihm sehr gefallen. Er findet, ich hätte eine russische Komik! Das wäre das letzte, was mir dazu eingefallen wäre. Er will sich also für das Buch einsetzen, meint, es sei nicht leicht, den richtigen Verlag zu finden, hält es aber für sicher, daß ich einen finde. Nun denn. Ich werde es zuerst beim Residenz versuchen. Noch 35 Seiten! Mein Hirn ist schlaff, mein Geist erschöpft, aber vorwärts! vorwärts! noch überwältigt mich dieser Prozeß. Und zwei Stoffe für die nächsten Bücher! Aber erst eine lange Pause, und eine Reise. Also bis bald dann, vielleicht wird es ja doch noch sommerlich! Alles Liebe Euer Jörg (müde, zittrig und halbwegs glücklich)

Dienstag, den 8. August 1978

Liebe Mami, lieber Papi,
bevor ich mich wieder auf den Roman stürze (und da es leider regnet, obwohl ich unbedingt noch einige geographische Details erkunden müßte) ein paar Zeilen. Gestern teilte mir die Verlegerin mit, daß Cohn-Bendit in Frankfurt mein Brando-Buch enthusiastisch empfiehlt, sie hat es von dem 2001-Reinecke. Ihr könnt euch vorstellen, daß mich das reichlich komisch berührt. Außerdem lese ich gerade,

wie CDU und SPD zwischen Hanau und Wiesbaden nur noch Autobahnen errichten wollen – also wähle ich doch die Grünen. Nicht, daß die was erreichen werden; aber man muß den Bonzen doch Feuer unterm Hintern machen.
Ansonsten empfehle ich das Nachwort von Michel Foucault zu einer Insel-Ausgabe der Versuchung des hl. Antonius. Vorzüglich! Was für Essayisten diese Franzosen sind! Da packt mich der pure Neid, aber auch Bewunderung. Ich habe mir jetzt franz. Wörterbücher bestellt und werde in Kürze 1 Stunde täglich zumindest die Zeitungen auf französisch lesen.
Was gibt es sonst? Nicht viel. Ich trinke nun fast nichts mehr und höre ab 15 total auf. Meine Beine sind fast völlig abgeschwollen.
Es geht mir also gut, aber ohne ein gelegentliches Glas ist das Ganze doch sehr fad.
[...]
Nachher gehe ich zum Verlag Rogner & Bernhard, allerdings ohne große Erwartungen, das soll ein desolater Haufen sein. Aber drückt mir die Daumen, daß der Roman halbwegs gut wird! Daran hängt viel, sehr viel. Seit die Radierung über mir hängt, träume ich geradezu exzessiv – dunkle, melodiöse, eindrucksvolle Träume.
Nochmals vielen Dank, Paps! Und euch beiden alles Gute von Euerm Jörg

Den 16. August 1978

Liebe Mammi, lieber Pappi,
vielen Dank für Euren Brief. Morgen gehe ich wieder zu Rogner & Bernhard, falls es was Neues gibt, wir telephonieren ja.
Rogner hat das Roman-Manuskript inzwischen gelesen, wenn er den Verlag noch hätte, würde er es sofort bringen (gewisse notwendige Veränderungen vorausgesetzt); aber er hat ihn eben nicht mehr, sondern hofft, bald wieder einen zu machen. Abwarten und weiterschreiben, kann da ein Autor nur sagen.
Was Pappi zum Roman sagt, und zur Kunst überhaupt – ja mei, ich glaube nicht, daß unsere Ansichten wesentlich auseinandergehen. Mir hängt meine Art subjektiver Schreiberei eigentlich allmählich zum Hals raus, aber ich glaube, man muß sie erst herauswürgen, um in andere Bereiche vorstoßen zu können. Daß ich überhaupt etwas »erreicht« habe, verdanke ich vor allem euch, nämlich Euren Erfahrungen, Einsichten und vielem anderen, das zusammen ein Leben ergibt, und

wenn auch das, was ihr »erreicht« habt, von der Gesellschaft, dem »Markt« nicht annähernd gewürdigt wird (wie sollte es das auch?), ohne all das wäre meine Existenz und vor allem meine Schreiberei gar nicht denkbar. Ich hoffe nur, daß ich genug Atem und Durchhaltevermögen haben werde, um auch noch in zehn Jahren (d.h. in einer noch radikaler entmenschlichten Welt) meine Sachen so schreiben zu können, wie sie sich mir darstellen. Denn dann bin ich zu alt, um noch etwas anderes zu machen, und was würde es mir helfen, von der Schreiberei leben zu können, wenn meine Schreiberei nichts wert wäre?
Inzwischen hoffe ich, daß wenigstens meine Leber etwas heilt. Es geht mir gut, Beine abgeschwollen, schwitze nicht mehr wie sonst, stehe um 8 auf, schlage jeden Biertrinker beim Tischtennis und schleiche mich still nach Hause, wenn die Biertrinker fröhlich sich am Biertisch niederlassen. Mit dem Trinken ist es ja so eine Sache: der Lowry hat jahrelang keinen Tropfen angerührt (und Unter dem Vulkan dabei geschrieben) und ist dann doch im Suff krepiert, und zwar nur 2 Jahre älter als Roth geworden, der niemals innegehalten hat. Übrigens waren diese Genies wohl Problemtrinker (Roth hat ja Alkohol überhaupt nicht. geschmeckt), während ich [...] ein Genußtrinker bin (war!).
Neues gibt es nicht. Wie es scheint, hat Furtwängler Geldgeber; das Drehbuch muß am 1. Februar fertig sein. Mal gespannt, wie die Arbeit mit ihm wird. [...]
Herzliche Grüße und Wünsche Euer Jörg

Donnerstag, 31. 8. 78

Liebe Mammi, lieber Pappi,
[...]
Komme gerade von 1. Drehbuch + Produktionsbesprechung. Mündlich mehr. Die Sache steht wohl, was die finanzielle Basis angeht. Dieser Lazaroni eine faszinierende und so nur in romanischen Ländern vorstellbare Mischung aus Super-Geschäftsmann mit Geist, Witz, Grazie, Kultur und messerscharfer Intelligenz. Moßner und ich, die Autoren, dagegen tumbe teutonische Proleten. er: sozialkritischer Realismus; ich: Poeten-Prolet. Mal gespannt auf das Ergebnis, aber ich habe ein gutes Gefühl. Allerdings bis Februar jede Minute im Einsatz, aber finanziell auf jeden Fall bis dahin abgesichert.
Ab morgen letztes Viertel des Romans, Landshoff kann schon gar nicht mehr warten.

Gesundheitlich gehts wieder – ohne Alkohol ist der Körper eben anfällig. Wahrscheinlich sind wir schon vor der Buchmesse in Berlin, ich komme aber auf jeden Fall, ob von hier oder dort – auf Produktionskosten! Es wird dann sicher viel zu erzählen geben. Ich wünsche euch schöne Tage und bin von ganzem Herzen Euer Jörg

P.S. Im »Spiegel« läuft gerade eine hochinteressante Serie über Rommel und die Invasion, falls Interesse, Pappi, hebe ich sie auf! Welch schaurige Ergänzung zu Deinem Kriegstagebuch, dessen Stunde noch kommen wird. Der Gröfaz steht als gar kein schlechter Stratege dar, verglichen mit seinen borniert en Generalstäblern. Welch ein Irrsinn, und wofür das alles???

Donnerstag, den 5. Oktober 1978

Liebe Mammi, lieber Pappi,
das Wichtigste zuerst: meine neuen Leberwerte sind z.T. erheblich besser! Da bin ich doch sehr beruhigt. Nach Berlin (Berlin ohne was zu trinken geht wohl kaum) werde ich die Karenz fortsetzen und dann im Frühjahr sicher ein gutes Gläschen Wein in Frankreich leeren dürfen (obwohl ich, um ehrlich zu sein, weder nach Schnaps noch nach Wein, sondern allenfalls nach Bier und Äppelwoi Sehnsucht habe!)
Ansonsten unruhige Tage im »Film-Geschäft«, der Co-Autor hat sich aus dem Projekt zurückgezogen, weil er einen »scharf antikapitalistischen Film« machen wollte, und Signore Lazzeroni schwebt zwischen Gigantonomie und sehr durchdachten Kalküls. Sicher ist: Furtwängler und ich fahren nach Berlin und dann schreibe ich ein Drehbuch für einen, ja, wofür? »süß« antikapitalistischen Film? Wie unkompliziert scheint das Schreiben eines Buches neben diesen Machinationen, die mir jetzt seit vier Wochen, eigentlich seit vier Monaten, täglich ins Haus kommen. Wenn ich inzwischen nicht den Wahn hätte, diesen Film wirklich machen zu wollen, ich weiß nicht.
[...]
Paßt gut auf euch auf und seid herzlich gegrüßt von Euerem Jörg

P.S. Ich habe ungültig gewählt: »Das System der demokratischen Repräsentation ist das System der ständigen Heuchelei und Lüge« nicht von Th. Bernhard, sondern von M. Bakunin.

Den 17. November 1978

Liebe Mammi, lieber Pappi,
vielen Dank für Briefe und Manuskript, das heute kam. Und für eure Beschäftigung mit den Texten! (Anbei: vielleicht haben sich gewisse Ausdrucksmöglichkeiten im Lauf der Zeit gewandelt, Inhalte und vor allem Fragen des Stils, der Form wohl doch kaum; ihr seid also mindestens so »berufen« wie sonst jemand, um mich zu »beraten«, und es zeigt sich, daß ihr über manches mir gegenüber gemäßer urteilt und kompetenter dazu als gewisse Leute, deren Blick vom »heutigen Leben« so verstellt ist, daß sie die ewig gleiche Bestie gar nicht mehr erkennen ...)
[...]
A pro pos Bakunin: wußtet ihr, daß Günter Eich verfügt hatte, er wünsche neben Bakunin (in Bern) begraben zu werden, und die Schweizer Regierung das abgelehnt und ihn in Biel (warum dort?) eingescharrt hat?
Inzwischen war ich ja, wie bekannt, kurz in Paris, und finde, es ist immer noch die Hauptstadt der Kunst, des Ausdrucks überhaupt, auch wenn die (modernen) Franzosen (wie die Freunde Jean-Maries) (zwar Kanadier, aber es gibt ja auch deren Entsprechungen à la Francaise) allesamt stillose Banausen sind. Aber ich habe mich – vor allem im Viertel Le Marais – sehr wohlgefühlt. Ich bin ja kein Freund der Kommune, aber von einfachen Leuten geht manchmal immer noch eine Art von selbstverständlicher menschlicher Würde aus, die der verkommenen Bourgeoisie völlig fehlt. Und dann die Luft in diesen Vierteln, der Anblick der Plätze, Gassen, Mauern, die alten Cafés, die unaufdringliche, vollendet zivilisierte Art der Pariser, ah! die Großstadt! Ich gebe alle Alpen und Meere dieser Welt für die Rue St. Antoine im Nebel eines Novemberabends. Aber mehr darüber wenn ich bei euch bin.
[...]
Was haltet ihr von CAFE EUROPA als Titel für den Gedichtband? Ich lese übrigens gerade im Manuskript das neue Buch von Hans Frick, das im Frühjahr bei R & B erscheinen soll. KZ, Schuld, Sühne, Leid und nichts als Leid: ein schwerer

Brocken für den »Kultur-Betrieb«. Aber da geht ja bekanntlich alles so schnell rein wie raus, und es bleibt hängen: nichts.
Das Drehbuch ist eine Knochenarbeit, unsäglich immer »filmisch« denken zu müssen. Aber Gedichte sind auch nicht gerade eine blaue Stunde auf den Bahamas, wenn sie auch manchmal so tun als ob!
Gesundheitlich geht es mir so, wie ich es nach 35 Jahren konsequent ungesunder Lebenshaltung nicht günstiger erwarten kann, c'est tout et du reste leider null Amour sondern Arbeit, Satz für Satz. Ich finde das nicht schlecht. Was sollte man sonst sich wünschen? Bei den Clochards unter den Brücken, im Irrenhaus oder in irgendeinem Gefängnis zu sitzen?
Also, für heute wie immer herzliche Grüße und seid umarmt von Eurem Jörg

Den 5.12.78

Liebe Mammi, lieber Pappi,
[...]
Übrigens ist mir als Geschenk eingefallen, wenn's denn was sein muß, warum nicht Nietzsche, Gedichte vor allem, falls es da ein hübsches Bändchen gäbe ... [...] Hoffentlich wird der Gedichtband kein Reinfall. Im Frühjahr steht mir dann eine Lesereise bevor – entsetzlicher Schrecken, aber es muß wohl sein. Ich glaube, der Verlag wird sich alle Mühe geben, da kann ich nicht zurückstehen, obwohl mir der bloße Gedanke, vor 50 »Bücherfreunden« ausgerechnet Gedichte lesen zu müssen, den Schweiß auf die Stirn treibt. Das Kulturwesen! Lese gerade wieder Benn. Was mich ja ziemlich stört, dieses Hellenistische, was, wie er auch feststellt, ja in dieser Form nur bei den Deutschen aufgetreten ist, sieht man von Byron ab, mir fremd, diese dorische Welt, was wäre denn gewesen, hätten die Perser gesiegt? Dasselbe in Grün.
Sonst gibt es rein garnichts neues, Gott sei Dank. Ach ja: ein Kleinverlag in Holland (!) will mein altes Gedichtbändchen wieder auflegen. Nur zu! Dann hab ich auch mal wieder ein Exemplar in der Hand.
So, dies nur ein kurzer Gruß, ich muß noch Frick lesen, trübe Lektüre, Schuld und Sühne in Frankfurt, wie gehabt.
Nehmt herzliche Grüße und Wünsche, von Eurem Jörg

5/2/79

Lieber Pappi,
Du hast zweifellos recht, und das Pikante ist diesmal, daß Millionen Leute dasselbe denken. Die Kultur»Elite« steht hier allmählich auf einem Niveau das schon den Menschen des 23. Jahrhunderts oder später vorwegnimmt, und viele Leute wissen das, ich zumindest habe es (und viele meiner Generation) instinktiv schon vor 15 Jahren geahnt, und da ich nun in diesen Scheißhaufen reinschmecke, übertreffen sich alle Ahnungen, die Wirklichkeit ist viel säuischer, aber auch das kann man, arme Säue von heute, nicht mehr sagen ...
aber Briefe nützen nichts, wie oft in der Woche möchte ich wegen dem und jenem und überhaupt allem wahre Briefsalven abfeuern, aber temps perdu: niemand hört hin. Jeder Penner hat mehr Stil als die Herren Grass etc. zusammen, und Du ahnst vielleicht, mit welchen Gefühlen ich mich mit meinen Büchern diesem Betrieb stelle ... ich kann es überhaupt nur als totaler Außenseiter, nur so kann man das mit Anstand überleben, wenn man denn seinen Beruf ernst nimmt und aus ihm seine Würde bezieht, woher sonst?
Ich hatte vor, über dies alles einen geradezu fürchterlichen Essay im Stil blutrünstiger Propheten zu schreiben, aber der Herr von der Basler winkte ab: er meint (natürlich zu Recht) das gehöre in eine deutsche Zeitung. Nur: in welche? Du hast ja gesehen, wie lange Rogners Magazin erschien, und wie harmlos war das ...! [...]
Herzliche Grüße u Wünsche Dein Jörg

14. Februar 79

Lieber Pappi,
Unser Briefwechsel schließt Mammi z.Zt. etwas aus, was ich bedaure, aber auf Deinen letzten Brief kann ich wohl nur Dir antworten und sagen, daß ich nicht mit allem einverstanden bin, was Du schreibst.
Mir scheint, daß Du (aus Gründen, die ich wohl begreifen, aber nicht teilen kann) Dein Werk – und darüberhinaus dann doch wohl auch alle übrigen – zu sehr mit einer Elle mißt, nämlich der des kommerziellen Erfolgs. Nicht, daß ich nicht jedem Künstler und auch besonders Dir kommerziellen Erfolg wünschte, aber ist dieser kommerzielle Erfolg nicht doch etwas, das im Grunde die menschlichen Maß-

stäbe und künstlerischen Werte der Kunst (ich rede von Kunst, nicht von Gebrauchskunst, Kunsthandwerk, Medienliteratur etc., ich bezweifle nicht, daß Du als Kunstgewerbler immensen kommerziellen Erfolg gehabt hättest) desavouiert? Ich persönlich glaube nicht, daß von Picasso mehr bleiben wird als ein paar frühe Bilder, indes von van Gogh das ganze Werk bleiben wird, um nur EIN Beispiel zu nennen. Natürlich ist es aberwitzig zu dekretieren, Künstler müßten hungern und verrückt werden, aber andererseits kann ich mir eine Kunst die nur aus dem ökonomisch gesicherten u. nie in Frage gestellten hervorgeht auch nicht recht vorstellen, es sei denn, Genies hätten sie gemacht, denen es ja wurscht sein kann, unter welchen Bedingungen sie zur Explosion gelangen. Aber die anderen, ich brauche mich doch nur umzuschauen, wo wäre denn kommerzieller Erfolg ein Maßstab für gute Arbeit? Lowry konnte sich nie von seinen paar Büchern ernähren, Roth ab 33 nicht mehr (und ich frage mich, ob es nicht demütigender ist, von Zuwendungen u. Vorschüssen zu existieren als von dem, was ein naher Mensch, eine Frau, erarbeitet!), Benn ohne Arztberuf: undenkbar, in meiner Umgebung kenne ich nicht einen, der ohne Hilfe durch Frauen oder Mütter o. Väter o. Stipendien (eine andere Art v. Demütigung) am Leben bleiben könnte. Ich glaube sehr wohl, daß ein Schutzengel über dir war in Sala u. an der Westfront u. dein Leben lang, sein Sohn war wohl über mir in Istanbul u. an anderen Orten, denn Du hast ein Werk geschaffen, schaffen können durch eigene Arbeit u. die Deiner Frau, das andere die krepierten, vergast wurden, verkamen oder auf flotte Art bekannt u. verwöhnt u. bequem wurden nie geschaffen haben. Und wenn der Mensch Arthur Fauser längst vergessen sein wird, wird der Maler Fauser noch zu sehen sein, ob in Museen, Wohnungen, Kellern, Mansarden oder wo auch immer. Ich habe neulich Gedichte eines persischen Schriftstellers gelesen (sein Buch wird bei R & B erscheinen) der die Folter der Savak überlebt hat u. heute in den USA lebt (vielleicht jetzt wieder in Persien) u. mich dann auch gefragt: womit hast du eigentlich den Namen Dichter verdient, mit welchen Qualen, Foltern, Widerständen dir diese Ehrenbezeichnung erschuftet u. wirst für deine paar Sätze auch noch bezahlt? Dieser Mann hat Gedichte geschrieben, die bleiben werden, mag er auch noch kommerziellen Erfolg haben (was ich nicht glaube): es war nicht der Durst nach Sicherheit u. Anerkennung u. Bankkonten der ihn dazu brachte zu dichten u. kraft seiner Gedichte Folter u. Terror zu überleben u. ob über ihm ein Schutzengel war? Wohl doch. Also ich glaube, daß man natürlich von seiner Arbeit leben sollte, aber hast du das nicht getan? Und ist nicht die Arbeit deiner Frau auch deine Arbeit? Wenn die Ehe ein Sakrament ist, ist sie das sehr wohl, u. der gläubige Indianer in Mexiko fragt nicht ob er von seiner Frau oder seiner Arbeit lebt sondern er hält Gott für den Geber des Brotes, wenn es denn überhaupt ein Brot gibt für ihn. Mir geht es ja momentan so gut, daß ich mir Bücher u. Zigarren u. sogar eine neue Matratze kaufen kann, aber ich lebe nicht in dem Gefühl es müßte so weitergehn. Nicht, weil ich ein Außenseiter bin, sondern weil ich ein literarisches Werk schaffen will (u. die junge Generation hat das Recht auf ihr Werk wie ich auf meins) u. doch nie wissen kann ob mir dafür einer auch noch Geld gibt. Aber schaffen will ich es, u. zwar weil ich davon besessen bin. Faulkner hat gesagt: um ein gutes Buch zu schreiben, würde er seine Großmutter bestehlen, was meinte er denn damit? Es gibt eine Ebene auf der Fragen nach der Herkunft eines Dachs über dem Kopf oder der Rechtmäßigkeit einer Existenz nur durch das beantwortet werden, was diese Existenz rechtfertigt: die Darstellung von menschlicher Einsicht, Würde u. Schicksalskampf. Und rechts oder links, unten oder oben, groß oder klein: je m'en fiche! Dies von Dir gelernt zu haben auch wenn Du anders darüber denken magst, dafür danke ich Dir u. bin Dein Sohn Jörg

8. März 79

Liebe Mammi, lieber Pappi,
[...]
Den Arrabal finde ich, wie gesagt, sehr gut, es könnte nur noch ausführlicher sein, ist ja wohl auch gestrichen. Neulich las ich im Konkret einen Aufsatz eines dieser Links-Autoren, für eine nationale DEUTSCHE Kultur u. gegen die amerikanische Literatur etc, Tonfall: übelster Antisemitismus, statt Semiten: Amis ... ich geriet so in Rage daß ich jetzt noch mit dem Gedanken spiele eine saftige Sache zu schreiben, aber wer würde es drucken? Alles, was diese Linken anfassen, wird dreckig, gemein, widerlich und außerdem stimmt es von hinten bis vorn nicht: was wären wir denn, wenn wir keine Ami-Kolonie wären? Was wäre Europa, das ganze Europa, denn heute, wenn die Amis nicht in den Krieg gegangen wären? Muß ich mir als Europäer nun die neuen Erschießungs-Kommandos im Iran u. die Vietnamesen u. Kubaner u. Hottentotten als leuchtende kulturelle Vorbilder hinstellen lassen, aber Benn u. Hamsun u. die Amis sind alles imperialistische

Schweine? Oh, ich rase ... aber es nützt nichts. Und dann soll ich 1000 Mark einlegen für die linken Herren und Damen Schriftsteller! Na wirklich!
Also, ich möchte heute noch ein Gedicht schreiben u. muß mich auf andere Gedanken bringen ... bis bald!
Herzlich Euer Jörg

Den 9. April 79

Liebe Mammi, lieber Pappi,
[...]
Ich fahre ja nun Mittwoch, übermorgen, ins Allgäu, und dann am 23. nach Berlin um einen Artikel über die Mauer zu schreiben. Und zwar für das Konkurrenzblatt des Playboy, nicht ohne Grund, denn 1. finde ich es eine richtige Herausforderung etwas über die Mauer zu schreiben, und der Playboy hat mir das nun mal nicht angeboten, 2. wenn schon solche Scheißblätter dann doch gleich mit Stil, und die anderen haben mehr Stil (lui heißt das Ding), und 3. bin ich auf Playboy sauer wegen Streichungen an meinem Text, der nun schon fast ein Jahr bei denen liegt! Also habe ich bei den anderen angeheuert, die zudem den Vorzug haben völlig überschaubar (2-Mann-Redaktion) und völlig spontan zu sein. Außerdem legen die keinen Wert drauf, als Kulturmagazin zu gelten wie der Playboy. Also ab 23. für 10 Tage Berlin, und zwar im Bellevue Tower Hotel – direkt an der Mauer (Potsdamer Platz).
Ansonsten habe ich eine Erzählung geschrieben, d.h. was eine Kurzgeschichte werden sollte wuchs sich zu einer Erzählung aus und hätte leicht länger werden können, wenn ich nicht aufgehört hätte. Eine meiner merkwürdigsten Texte überhaupt. Ich muß sagen, ich freue mich schon aufs Land. Es soll dort hervorragendes Brot u. Rauchfleisch geben, u. der Himmel war heute auch wieder blau – welch Wunder! Und in der Stadt sofort Heerscharen von Touristen! Als wären sie vom Himmel gefallen ...
Herzliche Grüße u. Wünsche u. fröhliche Ostern! Euer Jörg

(habe schon weiße Haare!)

Mittwoch, den 27. Juni 79

Liebe Mammi, lieber Pappi,
[...]
Wondratschek hat etwas sehr hübsches für diese Frankfurter Anthologie über eins meiner Gedichte gemacht, das ihm so gefällt, das von der Loire, mal gespannt, ob sie es bringen. Ich sitze jetzt etwas unruhig da, bis ich mit meinem neuen Buch anfangen kann, ich brauche noch ein paar Einfälle u. würde auch das alte gern erst fertig gemacht haben, aber da muß ich auf meinen Verleger warten, der noch in New York ist. VIELLEICHT fahre ich mit Wondratschek Sonntag für acht Tage an den Garda-See, aber nur sehr vielleicht, sonst ins Allgäu.
[...]
Bevor ich mit dem neuen Buch anfange, besorge ich mir noch einen richtigen Bürostuhl, streiche meinen Schreibtisch und miste sämtliches Zeug aus meiner Bude, was ich nicht unbedingt brauche. Es muß um mich herum eine äußerste Leere sein, die ich dann mit Buchstaben fülle. Ich fürchte nur, daß ich nochmal eine Woche nach Detmold muß, denn wie ich es sehe, wird ein Teil des Buchs dort spielen. Und Grabbe wird persönlich auftreten...
Das Boxen macht unglaublich, nicht so sehr Spaß, das auch, aber Wohlbehagen. Nach acht Runden plus Gymnastik und Stemmen komme ich aus dem Keller mit einer körperlichen Gelassenheit, die ich nicht mehr missen möchte. Natürlich, wenn man daran denkt, daß Muhammed Ali jetzt völlig kaputte Nieren hat ... aber ich will ja auch kein Berufs-Boxer werden ...
Ich hoffe, eure Arme und Knie heilen allmählich, und wünsche euch von Herzen alles Gute Euer Jörg

20. Juli 79

Liebe Mammi, lieber Pappi,
ich hoffe, es geht euch bei dieser Schwüle leidlich. Ich habe vorhin in der Box-Stunde ein volles Kilo rausgeschwitzt. Vielen Dank, noch einmal, für den Stendhal, den ich in kleinen Dosen goutiere. Und für Eure lieben Wünsche. Sicher, es wird peu à peu gräßlich werden ringsum, aber der Sinn des Lebens kann, wenn überhaupt irgendwo, doch nur in der Überwindung des Grauens und der Greuel

liegen und nicht im unentwegten Wohlleben und völliger Vermeidung all dessen, was anderswo unentwegt sich abspielt. Ich muß sagen, außer meinem Bauch habe ich nicht allzuviel zu verlieren, Papier und Bleistift wird es wohl immer geben. Ich sah gestern im TV die Filmaufnahmen, die damals bei dem Tribunal gegen die Männer vom 20. Juli gemacht wurden, mit dieser Ratte Freisler in der Starrolle, und bei aller stupiden, amateurhaften Art dieser Preußen, dennoch Hut ab vor ihnen – fast alle, die da standen, hatten wirkliche Größe. Und das ist mehr, als alle, die heute das Wort führen, haben. Aber die Demokratie gebiert eben keine Napoleons, auch keine Blüchers, nicht mal Stauffenbergs. Gut, auf die könnte man ja verzichten; aber ohne sie bekommt man auch keine Stendhals, keinen Hamsun, keinen Dostojewski.
Hier nicht viel Neues. Dieser Hübsch, der Ayatollah des Frankfurter Feuilletons, hat meinen Gedichtband für den SFB besprochen, der Verlag bekam das Manuskript. Für islamische Verhältnisse sozusagen noch recht manierlich, wenn er sich natürlich mehrere erhobene Zeigefinger auch nicht verkneifen konnte. Vielleicht kommt das auch im Sender Frankfurt. Im übrigen zeichnet sich allmählich ab, wo meine Bücher sich am besten verkaufen: Berlin, Schweiz, Österreich. Berlin – das kommt von diesem Tip-Magazin, für das ich jetzt auch hin und wieder schreibe, es wird auch bundesweit jetzt verkauft, da werde ich schon seit langem dauernd irgendwie erwähnt; Österreich, da sind die Vertreter am besten; Schweiz, ohne Zweifel durch die Basler Zeitung. Es zahlt sich doch aus, daß ich jahrelang meine Artikelchen für die geschrieben und mir immer große Mühe damit gegeben habe. Zahlt sich mehr u. länger aus als jeder Artikel in Playboy oder Lui. Übrigens war im Verlag davon die Rede, ob man nicht für eins der nächsten Bücher, entweder die Erzählungen oder den Roman, den ich am 1.8. um 11 Uhr beginnen werde, mal ein anderes Cover, also Umschlag, nimmt. Vielleicht hättest Du, Papi, Lust dazu? Natürlich nur, wenn die a) was zahlen und b) der Text Dich anspricht. Darüber können wir ja einmal reden.
Daß jetzt schon der dritte Ex-Kamerad angerufen hat, ist ja wirklich erstaunlich. Weniger erstaunlich, daß Joseph Roth in Italien so viel gelesen wird; ich traue den Italienern allemal einen besseren literarischen Geschmack zu als den Deutschen. Hier kommt ja jetzt »der neue Böll« als Vorabdruck im Stern, ich las gestern die ersten Absätze; unbeschreiblich. Immerhin: das Buch geht im Buchhandel ÜBERHAUPT NICHT, Der Verlag wankt, wenn Böll nicht Nummer 1 auf der Bestsellerliste wird, ist das eine Katastophe ... was den einen Harrisburg, ist den ande-

ren eben ein falsch kalkulierter Bestseller ... na gut.
Ich überlege noch, ob ich VOR eurer Reise oder DANACH kommen soll; DAVOR wäre besser, weil da der Box-Keller zu ist ... Einstweilen herzliche Grüße u. Wünsche Euer Jörg

4. Oktober 79

Liebe Mammi, lieber Pappi,
vielen Dank für Euren Brief. Freut mich, daß Euch das Äußere des Buchs gefällt. Die Figur ist der Weiß Ferdl, der ja sicher mit Spitzweg was zu tun hat. Leider weiß ich kein Rezept, um euch etwas aufzuheitern. Ich neige ja auch zu Depressionen u. auch der Alkohol hilft da meistens nichts, u. wenn ich mir die Verkaufszahlen meiner Bücher u. die Vorbestellungen auf das neue ansehe, stimmt mich das nicht heiter. Und wenn – wie heute geschehn – der Aurel Schmidt von der Hoffmann La Roche Zeitung in Basel meine Besprechung des Vietnam-Buchs (ich lege sie bei, bitte zurück) wegen Kriegsverherrlichung u. »CSU-Ideologie« u. Sozialismus-Kritik zurückweist, dann schwant mir für die kommenden Zeiten Arges, nämlich völlige Isolierung, denn die Rechten würden mich am liebsten wahrscheinlich aus Deutschland rausschmeißen genau wie die Linken. Also immer das gleiche. Aber da ich, sicher in schwächerer Ausgabe, auch ein schwäbischer Dickkopf bin werde ich genauso weitermachen, was auch sonst? Also für mein Alter habe ich auch genug Deprimationen (nach Bernhard) u. Alpträume, und all das hilft gar nichts.
Vielleicht hilft Malta ein wenig? Ich habe mir ein kleines Reisebüchlein gekauft, das scheint ja sehr interessant zu sein. Ich möchte jedenfalls hin. Aberwitzigster Katholizismus dort, Mischung aus Italien, Afrika u. England, kurios, vielleicht sogar mehr. Aber ob ich hinkomme? Ich sitze jetzt am Roman, ausweglos, 280 leere Seiten vor mir, freiwillige Folter. Und dann kommen die Leute u. entweder sagen sie alles schon gehabt oder so gehts doch nicht oder sie negieren es von vornherein. Na, wem sag ich das ...
Trotzdem – wenn schon ein römischer Kaiser gesagt hat (und zwar einer der größten): Ich bin alles gewesen und es hat nichts geholfen – heißt das nicht, daß man dann – als Nicht-Römer, Nicht-Kaiser – noch viel abgeklärter durch diesen

Wahnsinn gehen muß? Ich weiß es nicht. Conrad hat die Kunst verflucht, die ihn am Leben hinderte ... an welchem?
Jedenfalls freue ich mich auf das neue Buch von Benn zu Weihnachten – sonst bitte nichts, aber dies auf silbernem Tablett u. mit flammenden Kerzen!
Für heute mit allerherzlichsten Grüßen u. Wünschen Euer Jörg

Sonntag, den 14.10.79

Liebe Mammi, lieber Pappi,
ich muß mich noch für zwei Briefe und für das Lob für die Erzählung bedanken – merci. Hufnagel sagt, ich hätte lieber gleich mit dem großen Monolog vor der Kneipe anfangen sollen, womit er recht hat, und sonst sind mir auch ein paar Unebenheiten aufgefallen, aber sicher habe ich einiges gelernt – es wäre ja auch schlimm, wenn nicht. Aber jetzt, bei dem Roman, muß ich wieder völlig von vorn anfangen, und das hemmt u. ächzt u. knirscht in allen Gelenken, bei fast jedem Wort. Was die Halluzinationen dieser Figuren betrifft, hatte ich an sich gar nicht an Halluzinationen gedacht. Übrigens finden sich in Hufnagels jetzt erschienenem Buch (er wird es euch schicken lassen) Halluzinationen, die weit, weit darüber hinausgehen. Ich bin sehr gespannt, was ihr zu dem Buch sagen werdet. Es war das, welches jahrelang von Verlag zu Verlag gewandert ist.
[...]
Aurel Schmidt war eigentlich immer links, ich wußte nur nicht, daß er jetzt so doktrinär geworden ist. Aber sein Brief – völlig wirr und verlegen – zeigt mir, daß sein schlechtes Gewissen fast so groß ist wie seine Abneigung gegen meinen Text. R & B wollte ihn (den Text) erst der FAZ schicken, aber ich habe davon abgeraten. Ich halte den Schmidt noch für lernfähig und die Basler Ztg. ist mir immer noch halbwegs sympathischer als die FAZ. Und so recht diese CSU-Propaganda mit ihrem Nazi-Sozialismus teilweise hat, so verlogen und übel ist sie (die CSU) in anderer Hinsicht, u. ich jedenfalls werde sie nicht und auch sonst niemanden wählen.
Was das andere – meine Zukunft und die Zukunft überhaupt – angeht –: mit Schwarzsehen ist niemandem ein Licht aufgegangen. Ich werde genau so schreiben wie ich es kann u. genau das sagen was mir richtig scheint, also genau das tun, was Du, lieber Pappi, auch getan hast, und wenn ich mit 69 Jahren von meiner

oder irgendeiner Frau oder einer Rente oder Almosen eines Verlegers oder dergleichen leben muß, aber ja auch leben kann, u. noch arbeiten kann, werde ich es akzeptieren. Wenn alle das Leben so kompromißlos, so ordentlich und so – nach Maßgabe der Dinge – schmerzlos für andere lebten wie ihr, sähe die Welt besser aus. Ich habe gerade ein Vorwort zu den Soik-Gedichten geschrieben, was mir wahrscheinlich den Haß vieler, aber vielleicht auch die Zustimmung einiger weniger einbringen wird – und diese wenigen sind es, die die Welt bewohnbar machen. Vielen Dank nochmals für die Ermunterungen und Wünsche, und seid herzlich gegrüßt u. umarmt von Eurem Jörg

den 7.11.79

Liebe Mammi, lieber Pappi,
ich mache heute einen Tag Pause im Roman und benutze die Gelegenheit für eine kurzen Brief. Omas Begräbnis habe ich in ein Kapitel von ca. 14 Seiten umgestaltet (?) – morgen der Schluß – vielleicht wird es sogar der Anfang des Buchs, nämlich der Grabsteinspruch: »Der Tod ist das Tor zum Leben« ... hat mich viel Schweiß gekostet, das zu schreiben. 29 Seiten in 2 Wochen, nicht sehr viel. Aber es ruckelt wenigstens ...
Gestern war ich bei Landshoff, und wir haben uns nun doch entschieden, den Band mit den Geschichten erst im nächsten Herbst zu machen und den Roman dann im Frühjahr 81. Er kommt sonst mit seinem Programm nicht hin, und es wäre ja auch wahnsinnig 4 Bücher in 2 Jahren zu machen. Erst jetzt kommen ja tröpfchenweise Besprechungen des Gedichtbands (neulich 1 sehr gute in 1 linken! Lit. Zeitschr.), und bis Alles wird gut besprochen wird käme dann schon wieder ein Buch, das ist zu viel. L. hat große Pläne, er sagt, dieses Jahr war sehr erfolgreich für den Verlag, und jetzt muß er diesen Erfolg umsetzen. Sonst ist alles umsonst gewesen. Trotz aller Flausen ist der Junge mir doch sehr sympathisch, was für ein Glück, auf diesen Verlag gestoßen zu sein, auch wenn er mal eingehen sollte. Im Moment könnte ich nichts Besseres haben.
[...] Ich habe, was die Schreiberei angeht, viel geholfen bekommen (z.B. von Weissner) und helfe auch, wo ich kann. Aber das ist ja selbstverständlich. Ich bin sehr fasziniert von dem Brinkmann-Buch, das war ein ganz eigenartiger und erstaunlicher und wirklich künstlerischer Mensch. Ich bringe es dann mit, wenn ich,

wie gewohnt, die Reise nach Frankfurt durch Schnee + Eis antrete.
[...]
Für heute also beste Grüße und alles Gute, Euer Jörg

P.S. Dieser Volker Hage hat Gedichte von mir für eine Anthologie bei Reclam vom Verlag angefordert, bzw. die Druckerlaubnis.

den 6. 12.79

Liebe Mammi, lieber Pappi,
danke für die Besprechung. Dieser Kritiker wird sich, wie manch anderer, sicher über mein nächstes Buch wundern. Ja, Kritiker sind wohl so, weil sie so sein müssen; allerdings dichten diese Hartungs und Buselmeiers ja auch noch, und weil sie da nicht offen sagen, daß sie Partei sind, wird das alles irgendwie ein bißchen unredlich. Aber was solls ...
[...] Ansonsten fällt es mir manchmal auch schwer angesichts der schamlosen Zustände die Contenance zu behalten, aber ich habe ja jetzt die »Kolumne«, um mich etwas abzureagieren (obwohl ich sie nicht zu einer Mülltonne verkommen lassen will). Leider ist mir noch kein Titel und kein zündendes Pseudonym eingefallen. Ich denke mitunter an Hieronymus, das ist aber wieder ein bißchen geschwollen.
Inzwischen freue ich mich doch richtig auf Malta – 14 Tage mal aus diesem Mitteleuropa raus, das ist doch schon was. Das Meer sehen ...
Mit dem Roman bewege ich mich immer mehr in Richtung auf eine Art Abenteuer + Schelmenroman. [...]
Ich grüße und umarme euch – bis bald! Euer Jörg

War die Brinkmann-Bespr. in der FAZ nicht ganz gut? Eine wirkliche Insel inmitten eines langweiligen toten Meeres ... Ich werde versuchen nächstes Jahr für den tip was über das Buch zu schreiben.

Hotel Phoenicia, Valletta, den 18. Januar 1980

Liebe Mammi, lieber Pappi: vielen Dank für Brief, der heute noch rechtzeitig kam. – Wir sind nämlich umgezogen, wie ihr seht, in ein altes engl. Kolonialhotel, sehr schön & verblichen elegant, eine Woche sollte man sich das leisten. Im Cumberland wars denn doch ein bißchen primitiv u. nachts äußerst kalt. Ansonsten gefällt mir Malta recht gut – nicht zu Unrecht hat Disraeli es eine Insel genannt, die »von Gentlemen für Gentlemen errichtet wurde« – obschon die Johanniter wohl nur im weitesten Sinn des Wortes »Gentle Men« genannt werden können. Die Geschichte dieses winzigen Felsens ist wirklich einzigartig, u. auf merkwürdig gelassene Weise schlägt hier wohl so etwas wie das Herz des Mittelmeers – u. Europas. Was die hohe Politik angeht (Strauß wird natürlich jetzt Chancen haben) lese ich täglich die Times u. FAZ, u. gebe ihnen in etwa recht. Aber wie die Russen bremsen ohne Krieg? Journalist im klassischen Sinn werde ich natürlich nicht, warum auch u. wie auch – auch ich gedenke weiterhin der Kunst treu zu bleiben u. hoffe daß auch kümmerliche Kolumnen ein Beitrag dazu sind, dem Schreiben dienen ... ich leugne aber nicht, daß ich z.B. die Berichte des Times-Korrespondenten aus Kabul mit größerem Interesse u. auch lit. Genuß lese als das Feuilleton der FAZ. Bei den Angelsachsen sind im Journalismus eben doch Leute zu Gang in d. Tradition Twains u. Hemingways etc. u. bei uns ist die Tradition Kisch/Roth auf den Hund gekommen ... schade. Aber ich bin sicher u. leider nicht d. Mann um das zu ändern. [...] Nun denn: der schönste Anblick ist doch der auf ein tiefblaues Meer mit einem Schiff am flimmernden Horizont. Wie gut versteht man Conrad, wenn man am Meer ist! Der Anblick eines Hafens – ich wüßte eigentlich nichts Bewegenderes. Wenn ihr diesen Brief habt, bin ich schon bald wieder weg hier – bis dahin herzliche Grüße u. alles Gute von Eurem Jörg

P.S. Der Einfluß d. Briten auf die Küche ist wirklich grausig – aber dafür gibt es sehr guten weißen Wein!
Was Brinkmann angeht sind wir ziemlich d'accord. Ein armer begabter Hund, ohne eigentlichen Überblick.

Mittwoch, den 23.4.1980

Liebe Mammi, lieber Pappi,
ich habe gerade die 72. Seite meines Romans aus der Maschine gezogen und Schluß für heute gemacht (hatte mittags etwas geboxt und dadurch den halben Tag verloren). Ja, wenn es jetzt schon die 72. Seite der letzten Fassung wäre! Aber diese Ungeduld habe ich eigentlich nicht, dafür ist das Schreiben dieser ersten Fassung, in der ja jede neue Seite ein neues Abenteuer ist, viel zu genußvoll.
Ich lese übrigens gerade Greenes Honorarkonsul, der ja damals in der FAZ gedruckt wurde. Ein wirkliches Meisterwerk! Ich halte es für eine echte Schande, daß er nicht den Nobelpreis bekommt. Was hat der Mann für Figuren erfunden, und wie großartig lakonisch und dabei immer voller Menschlichkeit und Menschenverständnis seine letzten Bücher. Ein Titan.
[...]
Auch ich glaube, daß die Kunst wieder in die Katakomben muß, übrigens haben einige der frühen Beats – solche, die dann auch nicht berühmt wurden – auch daran geglaubt. Und ich glaube auch, daß die Zukunft nur noch Schrott bringen wird – jedenfalls die nähere. Aber einen Krieg würde ich doch nicht wollen, auch nicht, wenn danach wirklich ein neuer Anfang gemacht würde. Vielleicht habe ich nicht genug Phantasie, um mir die Grauen vorzustellen, die mich erwarten, falls ich etwa so alt werden sollte wie die gute Oma – oder auch wie ihr, letztlich – ich bräuchte ja nur die Apokalypse zu lesen statt der Zeitung – aber so weit es geht, würde ich doch gern wissen, was in zehn Jahren los ist – Russe hin, Russe her. Da für die Masse der eingelullten Leute hier der Russe bzw. eine Abart seines Systems zweifellos gut wäre, bin ich mir nichtmal sicher, was mir eigentlich das Recht gibt, das verhindern zu wollen. Doch nicht meine sog. künstlerische Freiheit? Oder mein purer Haß auf alles Staatliche und Kollektive? So bin ich täglich hin- und hergerissen zwischen meinem Haß auf die Sozi und dem nicht minderen auf die CSU. Gestern haben sie hier im Stadtrat beschlossen, München von den »Pennern« zu säubern (die hier längst nicht so in Erscheinung treten wie in Frankfurt), und dabei fiel auch das Wort: »Notfalls mit Gewalt.« Dies von einem 29jährigen CSU-Stadtrat, der auch ständig gegen die moderne Kunst bzw. was er dafür hält wettert. Ein Günstling von Strauß. Und das 20 km von Dachau. Ich werde diesem Thema meine nächste Kolumne widmen. Kann ich wirklich diese Leute wählen? Nein, ich kann nicht. Nun ja. Wer sich – wie ich im Fall Carter –

derartig in Politikern täuscht, sollte nur noch den Sportteil lesen, denn von der Wirtschaft versteht er auch nichts und beim Feuilleton kriegt er nur Blutdruckexzesse.
Letzte Woche schrieb Mammi: Das Wetter ist wunderbar. Heute blicke ich hinaus: der Schneeregen von mittags hat sich jetzt in festen Schnee verwandelt, der liegenbleibt. Und das Ende April. Mit diesem Wetter liegen wir ja völlig auf der Linie der amerikanischen Politik – der Politik überhaupt. Ich hingegen bin für das gleichmäßig sanfte Blau des Himmels – plus minus zehn Grad, bitte. Es sollte so gleichmäßig sich entwickeln wie ein Roman von Graham Greene – und jede Dämmerung wäre dann eines seiner melancholischen Finalen.
[...]
Sonst gibt es hier nichts zu berichten – morgen Seite 73! Das ist mein Augsburg.
Herzliche Grüße und Wünsche Euer Jörg

Donnerstag, den 31. Juli 1980

Liebe Mammi, lieber Pappi,
nun bin ich also wieder zurück in der Stadt, gar nicht unangenehm trotz Backofenhitze in meiner Bude, aber das Allgäu ist dann auch nicht so doll. Die Regenzeit dort hat mir allerdings gut gefallen. Und sicher hätte ich in der Stadt das Buch nicht so schnell geschrieben. Es liegt jetzt im Verlag und bei Carl Weissner, mal gespannt, was die Fachleute dazu sagen. Von der Flüssigkeit des Stils und der Beschreibung eines Charakters her ist es sicher bisher mein Bestes, aber es kann natürlich sein, daß die eigentliche Geschichte mißraten ist, ich weiß es nicht.
Auf jeden Fall will ich in der nächsten Zeit keine größere Sache machen, sondern wieder Erzählungen, damit dieser Band dann wirklich Fülle bekommt, und natürlich Reportagen. Ich hoffe, daß dabei soviel abfällt, daß ich wie geplant im Winter mit Tom Lemke ein paar Monate wegfahren kann. Vielleicht auch mal in den Osten, ich hatte es ja lang genug vor. Sicher ist der Osten Somerset Maughams nicht mehr existent, aber ebenso sicher gibt auch das, was jetzt dort ist, inkl. der franz. ex-komm. Dauertouristen, genug Stoff für Geschichten. (Der Osten Joseph Conrads hat ja, wie es bei Maugham heißt, nur im Kopf Conrads existiert, »vom Deck eines Schoners aus«, so soll er z.B. das malaische Archipel völlig falsch gesehen haben; aber jeder sieht eben das, was in ihm ist).

[...]
So, ich will mal wieder in den Boxkeller gehen, wahrscheinlich macht er nächste Woche endgültig zu.
Herzliche Grüße und Wünsche vor allem für die heißen Tage, Euer Jörg

den 20.10.1980

Liebe Mammi, lieber Pappi,
als Unterlage für diesen kurzen Brief dienen mir die ersten Seiten des Fallada-Artikels, 5 1/2 Seiten in 2 Tagen, und das, weil ich über jedem Wort blute, denn der Artikel darf ein bestimmtes Maß von höchstens 15 Seiten nicht überschreiten. Es ist also so, daß ich ausgerechnet bei diesem Autor, der sicher nicht so sehr viel gestrichen hat, sondern ja eher im Rausch die Seiten, oft 20 bis 25 am Tag, gefüllt hat, daß ich da jedes Wort zehnmal umdrehen muß. Aber es soll nicht mehr werden – sonst besteht die Gefahr, daß das an Transatlantik geht, und da sei Fallada davor. Zu denen gehört er nun wirklich nicht.
[...]
Nun warte ich in großer Bedrängnis auf die Fahnen des Buchs – fatal, fatal! Wenn ich nun merke, daß es eigentlich nochmal geschrieben gehört? Und da kann ich gar nichts machen, nur gute Miene zum bösen Spiel. Und jetzt schon wieder Schnee in den Bergen u. die dunklen Tage, was soll man da machen? [...]
Für heute wenigstens diese Zeilen u. meine allerherzlichsten Grüße an euch beide, Euer Jörg

Berlin, den 19. Januar 1981

Liebe Mammi, lieber Pappi, am Wochenende kam ich wieder nicht zum Schreiben, so versuche ich es jetzt. In den nächsten Tagen schicke ich euch dann auf unserem neuen Briefpapier das »Konzept« in Form einer Einladung an Autoren. Da der Mathes u ich alles selbst machen müssen, dauert eben alles seine Zeit, aber ich habe bis jetzt ein gutes Gefühl, einmal weil der Tip-Apparat letztlich doch funktioniert u dann verstehe ich mich gut mit dem Mathes, was natürlich die wichtigste Voraussetzung ist. Wir waren ja auch Samstag bei Wolf Donner, dem

früheren Berlinale-Chef u Spiegel-Redakteur, der seit einiger Zeit auch für den Tip schreibt (unter Pseudonym, wegen Spiegel). Der liebt den Tip über alles, weil er ihn in seiner Funktion richtig einschätzt. Haben uns lang u breit über verschiedene Themen unterhalten, u da ist es ja interessant zu sehen, daß das, was einem so durch den Kopf geht, auch bei andren rumort. Der Schneemann gefällt übrigens überall heute bekam ich einen Brief von einer Bekannten von vor 10 Jahren in Frankfurt, lebt jetzt in Berlin u las die Fortsetzungen im Tip. Überhaupt hat ja der Tip hier in Berlin mit seiner Riesenauflage eine ziemlich gewaltige Position, das merkt man besonders bei den Theater- u Filmleuten. Ein Verriß im Tip ist für die hier eine Katastrophe nur zu vergleichen mit weiland Kerr o.ä. Also ich bin sehr gespannt wie es weitergeht.
[...]
Und seid herzlich gegrüßt von eurem Sohn aus der alten u ziemlich mitgenommenen Stadt Eures Kennenlernens! Euer Jörg

Samstag, den 24. Januar 1981

Liebe Mammi, lieber Pappi, tut mir schrecklich leid wegen des verlorenen Briefs – C'est la vie in Berlin, wo so viel verloren geht. Was ich letzte Woche schrieb, gilt auch heute noch, es geht mir gut u meine Arbeit u Ausbildung als assoziierter Redakteur beim tip geht gut vonstatten. Ich werde euch, falls ich komme, mal einen Berliner Tip mitbringen, damit ihr seht, was dieses Blatt eigentlich ausmacht. Was den »Literaturtip« angeht, ist sich der Verleger noch nicht sicher, ob es wegen des (an sich nicht zu schützenden) Namens nicht Ärger mit Konkret (»Lit.Konkret«) geben wird. Er hätte ja nun seit langem Zeit gehabt, dieses Problem zu lösen, aber so ist der Mann halt, badisch-langsam, fast schon schweizerisch. Ich kann nicht so lange warten, wir arbeiten schon, und in einem der Märzhefte wird man schon erkennen können (so hoffe ich) wie sich meine Arbeit auswirkt. Jedenfalls macht mir der Journalismus an solchem Blatt und unter solchen (gerade unter solchen) Umständen wirklich Spaß, u ich bin sicher, daß es sich auch auszahlt. Jedenfalls, was für ein Romanstoff! Allein das ganze Äußere mit den beengten Räumlichkeiten, den Typen, der Umgebung mit der heruntergekommen Potsdamer Straße Nähe Landwehrkanal mit den Sex-Dielen u Türken-Lokalen u Bums-Lokalen und alten Druckereien u abgewirtschafteten Krämläden ist schon

so gut, sowas kann man nicht erfinden. Dazu das völlig desolate Berlin, jetzt mit Vogel, vielleicht bald Weizsäcker, ein Zentrum von Spekulation u Schiebungen aller Art u der Mauer u den Türken u dem kalten sibirischen Wind, wie seltsam München dagegen – Spitzweg. Wirklich, auch wenn ich erstmal gar nicht zum Schreiben komme, ich hätte nichts Besseres tun als jetzt hierherkommen können, nachts liege ich da u sehe schon ganze Romanseiten vor mir. Abgesehen davon daß der Journalismus natürlich immer noch eine gute Schule ist, das sage ich auch allen Poeten und jungen Genies die sich an meinen Redaktionstisch drängen und – schreiben wollen. »Kürzen!« »Kürzen!«
[...]
Herzliche Grüße, Jörg

Berlin 41, den 28. Februar 1981

Liebe Mammi, lieber Pappi,
ich hoffe es wird euch nicht öd, wenn ich – auch am Telefon – immer wieder sage, wie wenig Zeit ich nun einfach habe. [...] DASS ich so viel mache, müßte wohl gar nicht unbedingt sein (bis jetzt); ich habe aber auch LUST dazu, ich bin sogar heilfroh darüber, mal etwas so praktisches zu tun wie mit Herrn Vogel zu reden oder Texte aufzumöbeln oder mit Petenten zu verhandeln oder was dergleichen mehr ist. Das heißt ja nun noch lange nicht, daß ich die Literatur aufgegeben hätte, ich möchte aber sagen: meine Art von Literatur lebt ja schließlich von solchen Dingen. Und daß ich mich so reinknie, liegt ja vielleicht auch an meinem Alter u. daran daß ich einen gewissen Aufholbedarf habe. Es liegt aber auch daran, daß die Situation für den Tip gar nicht leicht ist u bedrohlich werden kann, alle Zeitschriften haben Rückgang, merken die Krise (wie die Verlage, die fast alle kein Geld mehr haben) sofort, u. wenn Springer jetzt in Berlin groß einsteigt mit einem Konkurrenzblatt (der Anzeigen wegen), dann wird es womöglich ein Kampf auf Biegen und Brechen. Und ich bin schließlich geholt worden, um etwas frischen Wind zu machen u. die etwas abgeschlafften Blatt-Macher etwas zu inspirieren – u. das ist nun einmal ein wirklicher Full-time-job. Außerdem kommt ja noch dazu, daß ich mich in einer fremden Umgebung u einer ganz anderen Atmosphäre einrichten muß (der Nordpol ist hier näher als München), [...]
So. Im übrigen ist hier immer noch eisiger Winter, u. ich lese gerade (mal wieder)

George Orwell, über den ich ein Essay schreiben will. Aktuell wie nie, und auch ohne 1984. Den Sciascia hätte ich Lust, im Lit.Tip mal in toto vorzustellen, man müßte jemand finden, der sich gut in Italien auskennt. Dann wird der Thomas Brasch über die Villa Massimo schreiben, er ist im Sommer dort.
Berlin lerne ich allmählich etwas besser kennen, und ich kann die Leute gut verstehen, die sich überhaupt nicht vorstellen können, in Westdeutschland zu leben, es ist eben doch ganz anders, sicher auch schlimmer, aber auch anziehender, als Köln oder Hannover oder Stuttgart. München sollte man gar nicht dazu zählen, das ist ja der Balkan, und das Allgäu mit Bodensee kommt einem völlig unwirklich vor von Schöneberg aus – ein sagenhaftes mythisches Paradies mit Weinbergen und Kühen und Segeln auf blauem Wasser ... fast Mittelmeer.
So, ich habe mir heute freigenommen um Orwell zu lesen und wenn möglich an den Songs für Reichel zu arbeiten, das tue ich jetzt. Telefonierte gerade mit dem Thüringer Schriftsteller Einar Schleef (einer der nettesten Kerle, die ich in dieser Branche je kennengelernt habe ...), der mit seinem charmanten Stottern erklärte, daß es ihn völlig perplex macht, wie viel die Leute hier arbeiten ... eigentlich immer. In der DDR – viel weniger. »Dann ist Feierabend, geht man nach Hause oder räumt Schreibmaschine weg u schimpft auf die Partei.« Aber Orwell findet er »jut«.
Viele herzliche Grüße Euer Jörg

Berlin, im Mai 1981

Meine liebe Mami,
wenn ich schon an Deinem 65. Geburtstag nicht bei Dir sein kann, möchte ich es doch mit diesen Zeilen sein. Ich möchte Dir auch endlich einmal sagen, wie sehr ich Dich liebe und achte und wie stolz ich darauf bin, eine solche Mutter zu haben. Ich weiß, daß Du diesen Geburtstag unter schweren Umständen verbringen mußt (sicher nicht zum ersten Mal); ich weiß, daß das Leben Dich nicht sanft angefaßt hat. Ich aber kann mir heute keine besseren Eltern vorstellen, als Ihr beide sie seid, und daß wir alle manchmal so fürchterlich gegeneinander standen, gehört vielleicht dazu.
Jedenfalls sollst Du, liebe Mami, wissen, daß Du immer auf mich zählen kannst – natürlich kann ich Dir nichts von dem sein, was nun einmal nicht mehr da ist und

nicht mehr da sein wird; aber ich werde für Dich da sein. Und jetzt wünsche ich Dir – und mir – daß Du noch recht lange alles, was Du gern hast, genießen wirst – eine Aufzählung würde zu weit führen und doch nicht alles umfassen, denn – und das glaube ich von Dir bekommen zu haben und schätze es vor allem anderen – Du weißt ja am besten, daß es die vielen oft winzigen Dinge, die fast unsichtbaren Schönheiten sind, die uns am Leben halten, es überhaupt erträglich machen. Sei also herzlichst umarmt und bedankt von Deinem Dir treuen Sohn Jörg

Berlin 41, den 6. Juni 1981

Lieber Paps,
Dein Brief hat mich – wie Du dir denken kannst – sehr bewegt. Auch ich bedauere, daß wir jetzt so wenig Zeit für Gespräche haben, vor allem auch für solche, die vielleicht auch über die rein politischen und ästhetischen, so notwendig sie gerade für mich auch sind, hinausreichen; denn je älter wir beide ja werden, desto deutlicher möchte ich doch in dem Maler auch meinen Vater und meinen Ahnen erkennen ... man kann natürlich die Kunst als vielleicht höchste, reinste Widerstandsform des Menschen begreifen; aber angesichts der furchtbaren Logik, mit der die Menschheit sich auf ihren Untergang, auf neue Mutationen konzentriert, halte ich letztlich alles andere für leicht ephemer, nur noch Ränder, und in der Mitte, alles aufsaugend, die Gorgonenhäupter ... aber auch solche Bilder greifen ja nicht mehr, jedenfalls nicht für den Schriftsteller; dem gehen schlechterdings die Worte aus ...
Das Wort Konsequenz z.B., das es ja in anderen Sprachen in dieser sehr deutschen Bedeutung gar nicht zu geben scheint – was bedeutet es? War van Gogh konsequent? Wußte er überhaupt, was er tat? Und die »Narren«, die vergast wurden oder in Irrenhäusern dahindämmern, unter ihnen sicher manche von solchen Talenten, wer ist da konsequent? Ist das Leben konsequent? Alles Fragen, auf die ich überhaupt nicht antworten kann; gibt es Antworten außerhalb der Religion? Du jedenfalls hast versucht, das zu malen, zu erschaffen, was Du im Leben gesehen hast; ist das nicht »konsequenter«, als für einen Traum, der sich hinterher auch noch als Alptraum herausstellt, sich erschießen zu lassen? (Freilich möchte

ich auch dagegen nichts sagen: für Ideale sterben, wie menschlich schön; aber dafür leben vielleicht doch nützlicher.)
[...]
Grüße bitte die Mama und sei herzlich umarmt von Deinem Sohn Jörg

Den 18. Juli 1981

Liebe Mammi, lieber Pappi!
[...] Da ich am gleichen Tag erfuhr, daß die Bavaria ein recht gutes Angebot für den »Schneemann« gemacht hat – in Ko-Produktion mit dem WDR – habe ich dann tatsächlich ein paar Gläschen mehr geleert. Alles in allem scheint der »Schneemann« tatsächlich ein Schritt in die richtige Richtung gewesen zu sein; wollte ich von R & B weg, könnte ich jederzeit zu Piper, die beträchtliche Vorschüsse zahlen. Und beim nächsten verfilmbaren Roman könnte ich über 100000 Mark verlangen (diesmal werden der Verlag und ich uns ca. 50000 bis 60000 teilen). Allerdings verspüre ich keine Lust, die nun natürlich auch in mich gesetzten Erwartungen, alle paar Jährchen so ein Buch abzuliefern, zu erfüllen; ich bleibe dabei, mich jetzt erstmal im Journalismus fit zu machen, und der TIP ist da genau das Richtige, zumindest, solange der Mathes auch dortbleibt. Das Wundersame ist ja, daß diese Zeitschrift in Berlin soviel Geld macht, daß es sich der Verleger tatsächlich leisten kann, einmal den literturtip zu machen, zum anderen ab Herbst auch gezielt das Bundes-Heft größer herauszubringen. Das ist natürlich alles ziemlich anstrengend, aber ich glaube, daß ich im nächsten Jahr zu einer Vereinbarung kommen kann, die mir genug Zeit läßt, um ganz allmählich auch wieder an einen Roman zu denken. Man wird ja sehen.
Übrigens ist die Platte von Achim Reichel recht schön geworden – er hat sich wirklich sehr viel Mühe gegeben, und das ist weit entfernt von reinem Rock & Roll eine ganz eigenständige Sache geworden. Merkwürdig, diese Zufälle im Leben; auch im Traum hätte ich nie so etwas erwartet.
[...]
Seid nochmals herzlich bedankt und gegrüßt von Eurem Jörg

Berlin, den 1.10.1981

Liebe Mammi, lieber Pappi,
nur ein paar Zeilen, die ersten aus der neuen Wohnung, vom neuen Schreibtisch, mit Blick auf die alte Kirche und die neuen Appartements gegenüber, deren Läden mit dicken Sperrholzplatten vernagelt sind, auf denen Parolen stehen wie »Deutschland muß sterben, damit wir leben können« ... die einzigen, die noch nicht vernagelt haben, sind die Libanesen, die die Pizzeria gepachtet haben, in der ich oft esse: da müßte dann schon geschossen werden. – Und vorn an der Ecke Potsdamer Straße, wo der Junge zu Tode gekommen ist, kampieren sie seit über einer Woche im Freien, mit den Blumen und den Holzkreuzen und den Menschen auf der anderen Straßenseite, die in einem weg fordern: Vergasen! Ausradieren! KZ! Und drumherum das ganz gewöhnliche Leben, die Herren von der Kultur, Preußenjahr, die Festivals, Literaturtip ...
Ich fürchte, es wird immer schwieriger, das Leuten zu schildern, die es nicht kennen, aber ihr kennt Berlin ja von früher. Wenn überhaupt dann wohl nur über gute Literatur. Was könnte ein wirklich guter Schriftsteller, ein Vollblutromancier, daraus machen!
Ich freue mich, daß das Heft euch gefällt. Es war ein schweres Stück Arbeit, vor allem die technische Seite. Ich bin ziemlich erschöpft, kann mir im Moment aber gar nicht vorstellen, woanders hinzufahren; vielleicht bleibe ich einfach hier und regeneriere mich bei der Arbeit an dem Geschichten-Band. Der Filmvertrag ist übrigens jetzt defintiv von der Bavaria unterschrieben. Ich richte mich allmählich auf den nächsten Roman ein, egal, auf welche Katastrophen wir zuzusteuern scheinen. Übrigens kam gestern ein Lied der neuen Platte im RIAS und hörte sich recht hübsch an. Sonst nichts neues! Wir sehn uns ja bald ...
Herzliche Grüße und seid umarmt von Eurem Jörg

Berlin, den 25. Mai 1982

Mein lieber Paps:
[...]
Ich werde ja, wenn nichts mehr dazwischen kommt, im Juli auch mal wieder eine Reise machen, nach Griechenland – aber eine wirklich große Reise habe ich auch

vor. Ein Bekannter, noch ein junger Mann, Entwicklungshelfer und gar nicht unbegabter Schreiber, geht für mindestens zwei Jahre als Leiter des Entwicklungsdienstes nach Thailand und hat mich eingeladen, ihn dort für einige Monate zu besuchen, was ich auch im Winter 83/84 vorhabe – eine solche Chance, diese Weltgegend so zu sehen, kommt sicher nicht wieder.
Ich habe ein sehr merkwürdiges Buch hier für Dich, muß es noch für »Tip« besprechen. »Der Vizekönig von Ouidah«, über einen Brasilianer, der im vergangenen Jahrhundert Sklavenhändler in Westafrika war ... selten etwas so bizarres gelesen. Nichts, was noch kommen wird, kann die Welt so fantastisch machen, wie sie einmal war ...
[...] die allerbesten Wünsche, Grüße und Umarmungen von Deinem Sohn Jörg

Berlin, Den 13. Juni 1982

Liebe Mammi, lieber Pappi,
dies ist also mein neues Briefpapier – nicht ganz billig, wie ihr euch denken könnt, aber wenn man sich sowas schon mal machen läßt, kann es doch ruhig etwas solide sein.
[...]
Ansonsten schreibe ich laufend noch für den »Tip«, jetzt über das neue Buch von Karin Struck, zwar unsäglich, aber symptomatisch – wenn man die Deutschen nach dem beurteilen wollte, was ab meiner Generation und jünger z.Zt. geschrieben und ja also gedacht wird, könnte man schlaflose Nächte kriegen. Damit ist nun wirklich in jeder Beziehung »kein Staat« mehr zu machen. Übrigens ist das andre Buch von Bruce Chatwin, über seine Wanderungen in Patagonien, fast noch lesenswerter, eine unglaubliche Sammlung von Geschichten, Typen, Landschaften, Begebenheiten. Meine Besprechung von dem »Vizekönig« kommt wohl im übernächsten »Tip«.
Nun dürfte sich ja bald entscheiden, ob ich bei »TransAtlantik« mitmachen soll. Wenn nicht, auch gut; dann könnte ich mich ganz auf das nächste Buch konzentrieren, bei dem sich eine solche Personenfülle abzeichnet, daß mir ganz flau wird. Auf jeden Fall werde ich mich, um überhaupt da reinzukommen, im Herbst entweder nach Kißlegg oder Missen zurückziehen. Ich lese gerade die Fahnen der Ge-

schichten; nicht völlig enttäuscht, aber der nächste Roman muß ein anderes Kaliber haben. [...]
Für heute herzlichst Euer Jörg

Naoussa, den 13. Juli 1982

Liebe Mami, lieber Papi,
[...]
Ansonsten geht es mir ja gar nicht schlecht, es wundert mich ja immer öfter, wie gut es mir – zumindest materiell – heute im Vergleich zu vor 8 oder 10 Jahren geht – und das als »freier Schriftsteller«! Hoffentlich bleibt einem genug Substanz, um die miesen Zeiten, die potentiellen Katastrophen, die unsereins noch erleben wird, einigermaßen würdevoll anzugehen. Mein derzeitiger Verleger ist sicher eine Art Hasardeur, aber mir fehlen nicht nur die Alternativen, ich glaube sogar, in solchen Zeiten braucht diese Branche solche Spielernaturen (Rowohlt stand z.B. unlängst vor dem totalen Zusammenbruch). Aber bei 170000 Mark Zinsen im Jahr könnt ihr euch die Situation von R & B (und allen anderen) vorstellen. Aber alle sagen, es sind nicht mal die Zinsen – es ist der Buchhandel, der die Verlage kaputtmacht. Und kein Verleger wird, wenn er kippt, nach dem Staat rufen, wie das ja jetzt die sauberen Herrschaften von der AEG (dessen gerade gescheiterter Generalmanager Dürr ein Thomas-Bernhard-Fan ist, welch ein Hohn!) tun, ja, dann soll der Staat plötzlich sie retten, die Sozis!
Also dann lieber Ernst Jünger. Ich kenne ja bislang keinen Krieg, aber ich kann mir lebhaft vorstellen, mit welchen Gefühlen alte Landser diese Offiziers-Prosa lesen. Ich habe die Tagebücher ja im Bücherregal und werfe nur hin und wieder einen Blick hinein, als Fundgrube (siehe Fontenelle) sind sie grandios. Grandios auch finde ich viele Beschreibungen, Einsichten, Reflexionen. Das hebt sich doch sehr ab von dem normalen Murks, aber mir ist nicht klar, ob man Verdun, den Nationalismus, die »Marmorklippen« haben muß, um dazu zu gelangen. Wozu das führen kann, wenn es auf Kulturkritiker-Niveau sinkt, sieht man ja bei Bohrer. Ah, mit welchem Genuß lese ich (zum 2. Mal hintereinander) das Patagonien-Buch von Chatwin! Auch dies eine Fundgrube allermerkwürdigster Dinge u. Menschen, aber ganz ohne Verdun u. Stahlgewitter. [...]
Damit für heute mit schönsten Wünschen Euer Jörg

Missen im Allgäu, den 23. Mai 1983

Lieber Paps,
jetzt nähert sich meine Zeit hier auch schon wieder dem Ende, und ich kämpfe noch täglich darum, das von mir gesetzte »Pensum« zu schaffen, dabei las ich gerade in einem Buch, was ein indischer Schneider, der es in Saigon in 40 Jahren von einer Nähmaschine zu drei Filialen brachte, vor dem »Sieg« des Viet Cong sagte: Die Summe von allem ist nichts. Klingt bekannt, nicht wahr? Nun, ich hoffe dennoch, daß ich den Roman schaffe, ich hoffe, es geht Dir einigermaßen, und der Wein schmeckt! Und daß wir uns bald wieder sehen. Wir sind sicher eine seltsame Familie, aber ich finde, wir haben uns immer viel zu sagen und stellen doch etwas dar, wir schwäbisch-hessischen Berliner Europäer.
Ganz herzlich, Dein Sohn Jörg

Berlin, 16. Juli 1983

Liebe Mami, lieber Papi,
vielen Dank für Briefe und Chandler-Briefe. Ja, mit 39 kann man wohl allmählich auch sagen, wieder ein Jahr überstanden – und wenn ich mir überlege, was im nächsten an Arbeit auf mich zukommt, dann bin ich sicher, mit 40 werde ich noch mehr aufseufzen. Na, man weiß ja nie, wozu es gut ist, und wie lange das noch so weitergeht – im weitesten Sinn. [...]
Ja, Berlin mag mich etwas verändert haben, es liegt vielleicht auch an der Arbeit, die mir hier zufiel, in München war ich noch etwas verträumter. Ich kann nur sagen, daß diese Stadt mehr von mir fordert, und wenn ich mich dem wieder entziehen würde, käme ich mir ziemlich schäbig vor. Nicht, daß ich hier mehr Freunde hätte als in München – aber ich habe besseren Zugang zu dem, was in vielen Leuten vorgeht und was mit ihnen gemacht wird – und es geht mir schließlich darum, das zu beschreiben. Außerdem spürt man hier doch viel mehr die Vergänglichkeit von allem, und auch das ist ein Vorzug – im märkischen Sand ist man, sozusagen, den ewigen Dingen näher als im bayrischen Oberland.
Die Chandler-Briefe sind hervorragend in jeder Beziehung – eine richtige Quelle der Inspiration und eine Fundgrube für handwerkliche Erwägungen und Überlegungen. Für jeden Schreiber eigentlich noch interessanter als seine Romane. Und

was für ein wundervolles Amerikanisch dieser Abkömmling irischer Quäker geschrieben hat!
Also noch einmal vielen Dank – und vielleicht hat ja das Wetter noch ein Einsehen und ihr könnt doch fahren ...
Das – und vieles andre – wünscht Euch von Herzen Euer Jörg

P.S. Schreit nicht jedes Neugeborene seinen instinktiven Protest hinaus – vielleicht weil es unbewußt ahnt, daß jeder Protest schon zu spät kommt?

Berlin,   den 2. Dezember 1983

Lieber Pappi,
vielen Dank für Deinen Brief. [...]
Für einen Schriftsteller ist das Auswandern ja nicht so einfach – wo in aller Welt gibt es Landstriche, wo deutsch gesprochen wird, Engländer und Franzosen haben es da einfacher – und ich bin auch der Auffassung, daß ein Autor da zu leben hat, wo er seine Wirkung erzielen will (und sei es nur die ökonomische). Ich glaube allerdings auch, daß diese BRD, betrachtet man sie von außen, z.B. von Thailand, Mittelamerika oder Afrika, manchmal an eine große staatliche Irrenanstalt erinnern muß. (Ich habe vor, in den nächsten Jahren, falls es geht, öfter mal den »Spiegel« oder die FAZ dort draußen zu lesen und nehme an, daß diese Lektüre ebenso erheiternd wie erschreckend sein wird.) Mit dem Auswandern ist es also für mich nichts, andererseits muß ich deshalb ja nicht das Maul halten, und ich habe den Eindruck, daß zumindest einige in meiner Branche – und nicht die schlechtesten – und in meinem Alter ähnlich denken und dies auch mehr und mehr aussprechen – bei einer Podiumsdiskussion hier gab es da neulich zum Fall Sperber/Engelmann und zur Nachrüstung einige sehr richtige Gedanken in dieser Richtung. Die lauten Kläffer der anderen Seite sind doch meistens Leute, die sonst nicht viel können.
Für mich war bei dieser Debatte im Bundestag auch erschreckend, wie sich CDUler und Grüne wechselseitig als Nazis etc. beschimpft haben, so wurde der mir weiß Gott nicht sympathische Bastian von der CDU als »Reichsmarschall« tituliert – was für ein Niveau, was für ein ödes geschmackloses Geifern und Sabbern, aber dann bewilligen sie sich für ihre Arbeit gleich mehr Diäten und Steuergelder.

Trotzdem halte ich diese Demokratie immer noch für tausendmal besser als alles andere vorstellbare, und ich kenne ja den Ostblock doch nur von flüchtigen Durchreisen! (Übrigens sind meine treuesten Leser hier fast alles ehemalige DDRler mit teils langen Zuchthausstrafen etc. hinter sich.) Die Tragik ist sicher, daß Europa nicht in der Lage war, sich – wie Sperber wohl vorschwebt – so zu einigen, daß man auch militärisch unabhängig wäre. Aber dieses Europa, so wie es sich jetzt darstellt, ist doch nur ein Konglomerat wirtschaftlicher Interessen, ein Bürokratenbabylon, ich sehe da wenig erfreuliches. Man kann wohl nur hoffen, daß die USA bei Sinnen bleiben und die Leute sich einen besseren Präsidenten wählen, obwohl das doch auch nur Marionetten sind. Übrigens sah ich in Hannover einen Film – gemacht in Hollywood, Regisseur ein junger Engländer – über Reporter in Nicaragua, ein richtig deftiger Action-Film, politisch sehr klug, hervorragend gespielt und gemacht – so etwas würde hierzulande kein Mensch fertigbringen.

Zu Willy Brandt fällt mir (und vielen anderen) auch nichts mehr ein, und es ist wohl so, wie Schmidt sagte: Sein größter Fehler sei gewesen, 1974 nicht auch den Parteivorsitz übernommen zu haben. Wenn die CDU nicht so schaurige Figuren hätte und Kohl nicht ein so offensichtlicher Vollidiot wäre, könnte man über die SPD ohnehin für lange Jahre den Schleier des Vergessens breiten, aber so dürfte sie wohl dazu verurteilt sein, eine Alternative schon bald bieten zu müssen – und ich kann einfach nicht glauben, daß die Million Mitglieder sich derart von Traumtänzern unterbuttern lassen werden wie jetzt anläßlich der Raketen – nicht auf Dauer. Nicht, wenn die Richtung Eppler die Partei auch bundesweit auf 30% bringt. Allerdings muß ja auch Schmidt nachgerade zugeben, daß der Doppelbeschluß damals reiner Blödsinn war, es hätte damals sofort nachgerüstet werden müssen ohne Wenn und Aber, bevor die Russen ihre Propagandamaschine auf Touren brachten.

Diese ganze apokalyptische Atomsache hängt mir allerdings nun auch allmählich zum Hals raus – falls wir die Bomben abkriegen, können wir es sowieso nicht ändern, aber deswegen nun von nichts andrem reden, das heißt ja wohl, ihr schon vorher zum Opfer zu fallen. Ich werde das wohl auch demnächst im Tip sagen, und dann wird man von mir dazu nichts mehr hören. Nächstes Wochenende sind polnische Autoren hier als Gäste des VS und der Akademie am Wannsee, ich werde da mal hingehen, vielleicht ergibt sich der eine oder andere gute Kontakt. Die Leute dort stehn wegen Brot und Wurst Schlange und dürfen nicht wie sie

wollen, und hier jaulen sie nur noch Frieden Frieden Frieden wie Pawlowsche Hunde ... widerlich.
Darüber und auch sonst mehr, wenn wir uns Weihnachten sehn – und bis dahin herzlichste Wünsche und Grüße – auch an Mammi – Jörg

Berlin, den 17. Januar 1984

Lieber Pappi,
ich danke Dir sehr für Deinen Brief, vor allem auch für die Anmerkungen zu dem Buch; sie sind sehr beherzigenswert, und ich hoffe, daß bei meinem nächsten Besuch noch die eine oder andre dazukommt. Jetzt versuche ich gerade, mal wieder eine Kurzgeschichte zu schreiben, und es ist jedes Mal ein völlig neuer Anfang, als wüßte man gar nichts. Von christlicher Demut bin ich sicher weit entfernt, aber allmählich bekomme ich eine Ahnung von der schöpferischen Demut ...[...]
Ja, ich habe schon oft daran gedacht, zu versuchen, den Theos = Dimitri aufzuspüren. Was er jetzt wohl macht? Bei ihm halte ich fast alles für möglich. Damals konnte ich seine Qualitäten wahrscheinlich noch gar nicht richtig einschätzen, beim Schreiben fiel mir das erst richtig auf. Wenn ich bloß jemanden in Athen kennen würde ... obwohl er natürlich genau so gut in jeder andren Stadt der Welt sein könnte.
Ich glaube auch, daß ich mit der Lektorin großes Glück habe, insofern sie nämlich – was ja äußerst wichtig ist – auch unbestechlich gegen ihre eigenen Sympathien ist. Eine sehr patente Frau und mit ihrer Bescheidenheit in dieser Branche schon fast ein Unikum.
[...]
Nochmals vielen Dank für den schönen Brief – sehr herzlich Dein Sohn Jörg

28. April 1984

Liebe Mammi, lieber Pappi,
[...]
Ich habe nun am 29. Mai diese Lesung in Freiburg und werde vielleicht dann einen Abstecher nach Zürich machen, wenn Herr Keel (Diogenes) mich sehen möchte,

warum nicht – obwohl ich natürlich von Ullstein vorläufig nicht weg kann oder will.
Dafür sieht es so aus, als würde ich mich vom »Tip« trennen. Ich schrieb meine letzte Kolumne über einen Film, der vom »Tip« fürchterlich verrissen wurde – als rassistisch etc. – und mußte zwangsläufig auch dazu etwas sagen. Der Herausgeber hat dagegen sein Veto eingelegt, nun bin ich fast geneigt, diesen – an sich lächerlichen – Vorfall als Anlaß zu nehmen, mich von der Zeitschrift zu trennen, zumindest nicht mehr so viel für sie zu machen. Irgendetwas müßte ich ohnehin knappen, und da ist mir dann letztlich »lui« und TransAtlantik doch lieber. Schade, aber nur wegen meiner Freundschaft mit Mathes kann ich ja nicht ewig für das Heft weitermachen und mir dann auch noch auf der Nase herumtanzen lassen. Die Leute vom Spiegel fanden meine Rezension sehr gut, jetzt hoffe ich nur, daß sie nicht ein Opfer des Drucker-Streiks wird (oder was die IG Druck so nennt). Eine gelegentliche Sache im Spiegel wäre doch auch besser als dauernd den Tip zu beliefern, das nimmt doch viel Saft weg auf die Dauer.
[...]
Herzlich, Euer Jörg

Berlin, den 20.5.1984

Liebe Mammi,
soviel ich weiß, wirst Du in diesen Tagen 68, aber für mich wirst Du meine ewig junge Mammi bleiben, mit der ich hoffentlich noch manches Gläschen leeren und viele Schwätzchen halten werde – von den ein, zwei ernsthaften Dingen abgesehen, die es vielleicht auch noch zu bereden gibt. Auf jeden Fall wünsche ich Dir, daß Du mit Deinen Kräften weiter so gut haushalten kannst wie bisher – und wie mit allem, was Du immer aus Küche und Kühlschrank zu zaubern weißt. Ich wurde dieses Jahr ja auch 40, fühle mich bisweilen eher wie 67 – wenn ich mir die Welt ringsum ansehe, die allerdings ja von vielen 67jährigen und 74jährigen so verhunzt wird –, meistens aber eher jünger, was wahrscheinlich vielen Junggesellen so geht. Aber das ist ein Zustand, den ich ja vielleicht in naher Zukunft hinter mir lassen werde – auf zu neuen Ufern, oder wie Herr v. Goethe mit 80 auszurufen pflegte: Vorwärts über Gräber ... Also: nimm an diesem Tag meine allerschönsten Grüße und Wünsche und Küsse – meine paar Geschenkchen kriegst Du, wenn

ich komme – Du solltest aber doch wenigstens diesen Brief haben, Post aus Berlin, wo ich doch so manches Mal eine Straße runtergehe und mich frage, ob sich hier meine Eltern einen Kuß gegeben haben ...
Ganz herzlich, Dein Sohn Jörg

Hannover, den 30. Juli 1984

Liebe Mammi, lieber Pappi,
schreibe euch an meinem neuen Schreibtisch, nachdem wir gerade die Radierung »Der Voyeur« aufgehängt haben (leider sind diese Rahmen ja sehr teuer, sonst hätten wir schon alle Radierungen aufgehängt). Heute scheint mal wieder die Sonne – sensationell, nach Wochen mit grauem Himmel und Regen.
Wir waren übers Wochenende an der Ostsee – eine Karte müßtet ihr schon bekommen haben – hatte ja noch nie die lieben Landsleute ganz unter sich in ihren Familienbädern erlebt, das ist ja schon beeindruckend mit den Sandburgen, den horrenden Preisen, dem schlechten Essen, dem miesen Wetter, der totalen Reglementierung und dann aber auch noch unentwegt gute Laune haben .... toll. Andererseits las ich heute in der »Süddeutschen« eine Umfrage von France-Dimanche, derzufolge 41% der Franzosen sich als Schlemmer betrachten, 37% als Gourméts, aber ihr Lieblingsessen ist Steak mit Pommes Frites, und trinken tun sie angeblich – am liebsten Wasser, nur 20% Rotwein, nur 1% Weißwein (!!) – was soll man davon halten?
Nachdem ich eine leichte Depression – wegen der 40 – hinter mir habe, bin ich wieder putzmunter und freue mich auf die Arbeit an dem neuen Roman (vorher muß ich noch einiges recherchieren). Mache auch mit »lui« und diesem Firlefanz Schluß, Geld verdienen ist ja schön, aber so viel war es auch wieder nicht, daß ich meine Maßstäbe dem Niveau von »lui« angleichen müßte, das doch ziemlich gesunken ist. Vielleicht komme ich ja über »Merian« in einen etwas seriöseren Journalismus (obwohl ich keine Illusionen habe, was diese Seriosität betrifft). Am liebsten würde ich nur Romane und Geschichten schreiben, aber Bücher verkaufen sich halt nicht so gut, und auf irgendeine blödsinnige Weise brauch ich inzwischen viel mehr Geld als früher in München. Aber vielleicht reduziert sich das ja irgendwann ganz von selbst. Daß der Staat einen zwingen kann, eine Renten- oder Lebensversicherung abzuschliessen, ist ja an sich ein ungeheurer Skandal – über den

aufzuregen sich allerdings angesichts der täglichen Skandale auch wieder erübrigt. Die Erosion der Sitten, der Verfall jeglicher Moral, die Verwilderung der Gesellschaft zu beobachten ist ja eine spannende Sache, aber manchmal – nein, eigentlich oft – wünsche ich mir doch, mit Gabriele irgendwann irgendwohin verschwinden zu können, wo das zwar auch stattfindet, aber man schon infolge Sprachschwierigkeiten nicht so viel davon mitkriegt. Das wirklich Schlimme ist ja nicht die Vorrohung, sondern das begleitende Froschkonzert der sogenannten Intellektuellen.

Nun, ich wünsche Euch schöne Tage in den Regionen oberhalb Genfs – ich soll für eine Anthologie einen Text machen, Thema: Lieben Sie Deutschland? – an sich ja reizvoll, aber man fragt sich doch, was soll das – muß also hier die Stellung halten zwischen Berlin und Hannover – unser Auto fährt recht gut obwohl der Motor schon 136000 Km draufhat.

Herzliche Grüße – auch von Gabriele, auch an Marei – alles Gute, Euer Jörg

Berlin, den 14. September 1984

Liebe Mammi, lieber Pappi,
[...]
Als ich Mammi wegen Büchern ansprach, dachte ich gar nicht so sehr an euch, sondern an die Verwandtschaft, die Mammi ja doch gerne mit geistigen Dingen beschenkt. Wenn man a) das Buch von Francoise über Picasso, b) alles von Faulkner und c) die Briefe von van Gogh schon hat – abgesehen von ein paar anderen, auch nicht zu unterschätzenden Autoren -, dann braucht man ja wirklich nichts mehr. Aber auf das Wörterbuch wäre ich nicht gekommen – ich sehe mich mal nach einem handlichen um. Was meine Weihnachtswünsche betrifft – ach, mir geht es auch so, daß ich kaum noch etwas brauche außer Gesundheit und Energie. Ein Hemd oder Pulli oder so etwas, das ist immer noch am besten. Es ist ja so, daß einem selbst alles Essen und Trinken, vom Rauchen ganz abgesehen, allmählich völlig verleidet wird, dieses unentwegte Enthüllen der Gifte vom Wald über die Flüsse und den Boden, das Wasser und das Brot und das Fleisch, und dann noch alle denkbaren Arten von Krebs, also ich bezweifle, daß man – als Volk – so etwas über längere Zeit mitmachen kann, ohne in kollektive Schwermut oder Raserei zu verfallen.

[...]
Ich habe gerade die Lektüre des Drehbuchs »Der Schneemann« beendet. Man hat nun alles auf das Bizarre, Phantastische, Komödienhafte des Stoffes gesetzt, zum Teil gar nicht mal schlecht, zumindest sehr schnell und streckenweise spritzig (wobei natürlich die eher melancholisch-gedämpfteren Aspekte der Figur des Blum unter den Tisch gefallen sind, er heißt auch gar nicht mehr so, was mich sogar erleichtert) – wenn das professionell erstklassig gemacht würde, warum nicht? Film ist nun mal etwas anderes als Literatur. Vorstellbar ist freilich, daß das völlig in den Sand gesetzt und eine grausige Klamotte wird, in welchem Fall ich meinen Namen ja immer noch zurückziehen kann. Immerhin wird in Malta, Frankfurt und Amsterdam gedreht (abgesehen von den Studioaufnahmen), anscheinend also nicht gespart an Atmosphäre. Vielleicht nehme ich mir mal 2 Tage Zeit, um das anzusehn. Obwohl mein neuer Roman ... aber davon jetzt nichts.
[...]
Habt für heute herzlichste Grüße u Wünsche von Euerm Jörg

Den 18.7.1985

Liebe Mammi, lieber Paps,
anbei 2 Photos, die ein Springer-Fotograf im Juni bei Ullstein gemacht hat, für die Presse. Man merkt wohl – wie meistens – daß der Fotograf mir auf die Nerven ging. Oder sieht man mit 41 überhaupt etwas genervt aus?
Nochmals herzlichen Dank für die Briefe in letzter Zeit, auch für den zum »Schlangenmaul«. Ganz gewiß, ich glaube auch, daß ich mit anderen Figuren mehr »Tiefe« erreicht hatte. Da sich einige Zeitschriftenmenschen, die das Buch gelesen haben, diese Figur aber sehr einverleibt haben, muß sie wohl einigermaßen stimmen. Jetzt »mache« ich ja »Film« und »Fernsehen«, und da muß man sich ja völlig neu orientieren. Vielleicht mal interessant, und dazulernen hört ja nie auf – hoffentlich.
Gerade ist auch der Umzug aus Hannover vorbei, jetzt warte ich auf den Zug mit den Buben, und Samstag ist die Familie dann wieder zusammen. Hätte nie geglaubt, wieviel mir das mal bedeuten würde.
Mit herzlichen Wünschen und Grüßen vom Shakespeare-Platz (nicht geflunkert)
Euer Jörg

Bangkok, 13.2.86

Liebe M + P, wenn ihr diese Karte habt, werde ich schon vom Norden zurück sein, aber so sieht es überall aus – ein wirklich phantastisches Land und eine phantastische Reise, ich bin jeden Tag neu überwältigt. Das Christentum war unser Untergang. Bis bald u. ganz herzlich, Jörg

Chiang Mai, 18.2.86

Liebe M + P, jetzt bin ich 1 Woche in Siam und jeder Tag bringt eine Fülle von Eindrücken – heute besuchte ich hier ein Jugendgefängnis und – oben in den Bergen – einen großen Tempel, in dem eine Reliquie Buddhas ruht. Morgen Goldenes Dreieck. Weiter: trockene Hitze, ca 34 Grad. Jedes Essen ein langes Gedicht, jedes Lächeln ein köstlicher Balsam, jede Erfahrung ein tiefes Rätsel. Herzlich, Jörg

München, am Pfingstsonntag 1986

Liebe Mammi,
noch weiß ich selbst nicht, wie es ist, wenn man mit siebzig zurückblickt auf sein Leben, kann mir nur vorstellen, daß man zu sagen geneigt sein wird: so so la la; aber ich wünsch Dir vor allem andern zu Deinem 70., daß Du auch noch vorausschaust auf viele Tage, die wenig Müh und Plage, sondern mehr Schönheit und Zufriedenheit bringen.
Dank des gedämpften Optimismus, des Trotz alledem!! das ich von Dir geerbt zu haben scheine, lasse ich mir jedenfalls bei allen Katastrophen und den dazu gehörenden Stimmungen die Freude am Leben nicht verderben, vor allem den Spaß, ihm immer wieder etwas Unvermutetes abzuluchsen – ein bißchen tägliches Wiederauferstehen, etwas Pfingstliches das ganze Jahr: und genau davon wünsche ich Dir, soviel Du brauchst.
Laß Dir also den Wein weiterhin schmecken und die Blumen Dich erfreuen und freu Dich am Garten und am Sommer, an dem Sommersessel, den wir Dir mitbringen werden, an den Büchern, die Du auf ihm lesen wirst, an den Vögeln, die

die Würmer fressen, und an den Katzen, die die Vögel fressen ...
Das alles – und viel mehr – wünscht Dir in Liebe Dein Sohn Jörg

München, 24. Mai 1986

Lieber Pappi,
diese Karte habe ich vor zehn Jahren in Los Angeles gekauft – mit einigen anderen Film-Szenen – und der Text lautet: Solche wie wir werden nicht mehr gemacht!
Das scheint mir in jeder Hinsicht zu stimmen – ich denke nur an unser Fausersches »Wir köhnen ahlles!!!« – und überhaupt für unsere Zeit besser zu passen als manches große und überhöhende Wort.
Nimm unsre besten Grüße und wünsche an diesem 75., morgen stoßen wir nochmal an! Herzlichst, Jörg

München, den 22. Juni 1986

Lieber Pappi,
[...]
Inzwischen habt ihr ja das Transatlantik bekommen; ich nehme an, daß Außenstehenden gar nicht auffallen wird, wieviel mühsame Kleinarbeit ein solches Heft – für 2 Redakteure und einen Lay-outer – macht; mir jedenfalls hängt das Geschäft des Redakteurs inzwischen zum Halse heraus (obwohl das rein Handwerkliche schon eine befriedigende Arbeit sein kann). Ja, obwohl ich ja gar keinen Verlag habe, drängt es mich geradezu unwiderstehlich an einen neuen Roman, der natürlich auch noch größer und besser und überhaupt herausragender werden soll als alles bisherige (das große Format!). Ich glaube, das hat auch viel damit zu tun, daß man bei dieser Arbeit zunächst mal nur sich selbst verantwortlich ist und weiß, das, was du da machst, interessiert in diesem Augenblick (und der kann ja ein Jahr oder länger dauern) nur dich; und im Journalismus muß es ja sofort auch andre interessieren, sonst ist es tot.
Ansonsten gibt es nicht viel neues, ja doch – das Goethe-Institut will meinen Freund Achim Reichel im November/Dezember für vier Wochen nach Fernost

schicken, und möglicherweise wird der Stern mich für eine Woche oder länger mitschicken, für eine Reportage. Indonesien, Malaysia, Singapur, Manila – die Ohren klingen mir. Insofern ist der Journalismus also doch ein paar Anstrengungen wert. Denn wegen meiner Bücher ist noch kein Goethe-Institut bei mir vorstellig geworden.
[...]
Nimm einstweilen meine besten Wünsche, und herzliche Grüße, natürlich auch an Mammi, von Deinem Jörg

19.10.86

Lieber Pappi,
anbei etwas aus der »Zeit« über Llosa und Marquez. Was der Grass sich dabei gedacht hat, als er in deren Streit eingriff (und natürlich auf der falschen Seite)? »Maytas Geschichte« ist wirklich ein grandioses Buch. Von den Europäern halte ich nur den Semprun für ernsthaft und interessant, aber im Vergleich mit Llosa auch ziemlich abstrakt. Was meinen Umgang mit Politikern angeht, darfst Du nicht vergessen, daß das Auftragsarbeiten sind – und natürlich halte ich es für Chronistenpflicht, sich gelegentlich um solche Leute zu kümmern und nicht nur um Filmstars oder andere Schriftsteller. Illusionen habe ich da, glaube ich auch nicht viele ... Herzlichste Wünsche von Deinem Jörg

Jakarta, 17. Nov. 86

Liebe M + P, nach einem kurzen Spaziergang entlang einer Hauptstraße bin ich – es ist 14 h – in Schweiß gebadet. Leider gibt es keine Ansichtskarten, die das Jakarta zeigen, wie es ist – eine Riesenstadt, die eigentlich keine Stadt, sondern eine Ansammlung von 10 Mio Menschen ist, die irgendwie leben und sterben, lächeln und auf etwas warten. Die Tour ist interessant, strapaziös, vieles was ich sehe werde ich bestimmt nicht im Stern schreiben. Herzliche Grüße + Wünsche, Jörg

20.11.1986

Liebe M + P, diese Karte ist tatsächlich ein gutes Stück Asien – die Religion und der Reis. Und in Java hat sich nun wirklich alles vermischt, Animismus, Hinduismus, Christentum, Buddhismus und ein Islam, der nur noch wenig mit dem zwischen Kairo und Teheran zu tun hat. Allerdings ist Reisen in Gruppen ein Greuel. Aber ich genieße jeden Tag, hier zu sein. Herzlich, Euer Jörg

München, Sonntag, den 11. Januar 1987

Liebe Mammi, lieber Pappi,
es schneit und schneit und erinnert stark an Napoleons Worte: acht Monate Schnee, zwei Monate Regen, und das nennt die Bande Vaterland. Das habe ich neulich wieder bei Roth gelesen, unter dessen Reportagen ich auch eine (von 1930) über die Umweltschäden der Leuna-Fabriken fand, neben der alles, was heute über Tschernobyl oder den Rhein geschrieben wird, zahm und hilflos und schwächlich wirk. 1930!
[...]
Die großen Versprechen des Ullstein Verlags haben bis heute, vier Wochen danach, zu keinem greifbaren Ergebnis geführt, ich werde also den Vertrag, den mir Hoffmann und Campe nächste Woche schicken, unterschreiben. Schade, ich wäre gern bei Ullstein geblieben – aber es hat wohl keinen Zweck.
Nach 1 1/2 Jahren nur Redaktion fällt mir das Einstimmen auf einen neuen Roman – noch dazu bei einem neuen Verlag, mit neuen Leuten – gar nicht so leicht. Ich hab mir also Dostojewski vorgenommen und angefangen Schuld u Sühne zu lesen und dazu die Erinnerungen seiner Frau. Und es kommt mir so vor als wenn Dostojewski, jedes Mal, wenn man ihn neu liest, wächst und größer wird und treffenderes sagt – ein Phänomen. Und was bedeutet dieses russische Christusleiden neben dem asiatischen Buddhaleiden? Ist der Roman eine christlich-moralische Instanz, die der Asiate nicht braucht? Litt D. nicht auch darunter, daß die meisten Leute, über die er schrieb, Analphabeten waren? Auf jeden Fall: eine phantastische und immer völlig frische Lektüre.
[...]
Im übrigen habe ich mir auch Schauspielermemoiren aus der Bücherei besorgt,

um mich aufs Theater einzustimmen, und das sind ja auch sehr merkwürdige Herrschaften, wenn sie in die Tasten greifen (durchaus amüsant, für mich Laien). Mal sehr gespannt, was bei der Tournee rauskommt, die mich ja sicher in die Nähe von Frankfurt führen wird, Gelegenheit um euch zu besuchen. ...
... über Politik und dergl. möchte ich keine Zeile verlieren, wenn man diese deutschen Wahlkämpfer auch nur halbwegs im Fernsehen verfolgt, kriegt man geistige Schuppenflechte – meine Güte, was waren da selbst Schmidt, Barzel, Kiesinger, womöglich sogar Ollenhauer für Figuren! Demokratie, prima – aber muß sie so dumm sein und so LANGWEILIG? In Frankreich ist es doch auch ETWAS munterer ...
Nehmt für heute meine gesten Wünsche und Grüße, auch von Gabriele. Und laßt's euch gut gehen so gut es geht. Euer Jörg

München, den 5. April 1987

Lieber Pappi,
eben ist das Bild gekommen, und morgen wird es an dem Platz im Wohnzimmer hängen, der dafür vorgesehen war – zum Wohlgefallen aller. Es ist nämlich wirklich sehr schön und hat im Laufe der Jahrzehnte eher noch gewonnen – was ja die Kunst gelegentlich tut.
Zypern war sehr wohltuend – der Anblick des Meers, die Freundlichkeit der Menschen, die tiefe Ruhe, die alles Türkische für mich seit jeher ausstrahlt. Das Dorf, in dem Lawrence Durrell für zwei Jahre wohnte, ist wirklich atemberaubend gelegen, an einem seit Jahrhunderten vor sich hinbröckelnden gotischen Kloster mit weitem Blick übers Meer. Jetzt, da die Griechen weg sind, alles noch etwas vergammelter, friedvoller, stiller. Ein uralter Baum in der Ortsmitte, genannt der Baum des Müßiggangs – die Leute aus Bellapais galten als die faulsten in Zypern. Im Sommer muß hier eine schläfrige Idylle sein, die für Mitteleuropäer von einer anderen Welt ist. Wir saßen einige Male beim Hodscha der Moschee in Girne, einem kräftigen zahnlosen rheumageplagten Mann von 65, sozusagen der spirituelle Chef der Gemeinde. [...]
Übrigens hatte ich bei meinem letzten Besuch den Eindruck, daß Du mit Deinen 75 Jahren und all dem, was Du in dieser Zeit erlebt und erlitten hast, noch so wunderbar beisammen bist – wenn auch sicher unter Beschwernissen, die ich mir

noch gar nicht richtig vorstellen kann –, wie ich es mir für mich nur wünschen könnte, würde ich je nur annähernd so alt. Ich freue mich jedenfalls jedes Mal auf unsere Gespräche, die sich wie ein roter Faden durch mein Leben ziehen.
Bis zum nächsten sage ich Dir also herzlich Lebewohl – mit den schönsten Grüßen auch von Gabriele und natürlich auch an Mammi – Dein Jörg

22.6.87

Liebe Mami, lieber Paps: eine immer noch teils idyllische, romantische Landschaft. Aber die Zivilisation in den kleinen Städtchen ... oh Heine. Und Göttingen schmiß mich regelrecht in tiefe Depressionen. Laßt es euch gut gehen, Euer Jörg

Editorische Notiz

Der Wortlaut der Briefe erscheint im Druck, wie Fauser sie geschrieben hat. Auch offensichtliche Fehler in Orthographie (vor allem bei Eigennamen) und Interpunktion wurden nicht korrigiert. Die – hoffentlich – richtige Schreibweise der Eigennamen ist dem Anhang zu entnehmen. In ganz wenigen Fällen habe ich handschriftliche Randbemerkungen in die dafür vorgesehenen Stellen im Typoskript eingefügt, ohne dies kenntlich zu machen.
Der Briefkopf wurde im Druck standardisiert. Im Original fehlte manchmal die vollständige Datierung, soweit das möglich war, wurde sie rekapituliert und in [xxx] angegeben.
Aus den ca. 400 noch erhaltenen, maschinengetippten und handschriftlich verfaßten Briefen, Postkarten und Aerogrammen haben Frau Maria Fauser und ich diejenigen ausgewählt, die die Entwicklung von Jörg Fauser am aussagestärksten dokumentieren. So weit möglich, sind die Briefe vollständig wiedergegeben. Auslassungen sind durch drei in eckige Klammern gesetzte Punkte [...] kenntlich gemacht. Bei diesen Streichungen handelt es sich um Stellen, die 1. nicht von bleibendem Wert sind (Erörterungen über das Wetter; Urlaubspläne der Eltern; über Verwandte o.ä.), 2. privaten Charakter haben, 3. nicht für die Öffentlichkeit bestimmt sind, 4. möglicherweise für noch lebende Personen rufschädigend sein könnten.
Dank gebührt an dieser Stelle Frau Maria Fauser. Ohne ihre tatkräftige Hilfe wäre dieses Buch erstens überhaupt nicht erschienen, und zweitens wären viele Fragen (vor allem im Glossar) unbeantwortet geblieben. Was das Leben und Werk von Jörg Fauser anlangt, ist sie eine kompetente und hilfsbereite Auskunftgeberin.

Wolfgang Rüger

Glossar

12.5.56	Arthur Fauser war 1956 für kurze Zeit in Paris. Jörg bat ihn in einem vorhergehenden Brief um Abbildungen einer bestimmten, von ihm skizzierten Figur aus dem Louvre.
7.4.58	La famille = Familienblatt der Fausers, von Jörg Fauser herausgegeben. Von Februar bis Oktober 1958 war Arthur Fauser Stipendiat der Villa Massimo in Rom.
17.6.58	Mohrle war der Kater der Familie Fauser. »Der dritte Mann« (R.: Carol Reed; GB 1949; mit Orson Welles, Trevor Howard, Joseph Cotten, Alida Valli; Drehbuch und Romanvorlage: Graham Greene).
13.7.63	Jörg Fauser hatte die Schule in der 12. Klasse verlassen, hielt sich für kurze Zeit in England auf, jobbte dort, kam dann auf Druck seines Vaters zurück.
20.7.64	Jörg Fauser suchte in London Kontakt zu anarchistischen Gruppen und arbeitete an einem anarchistischen Blatt mit.
6.6.64	FH = Frankfurter Hefte
7.3.66	Eine Ferienreise führte Jörg Fauser zum ersten Mal nach Istanbul.
5.10.66	Antritt des Ersatzdienstes
27.2.67	Walter Maria Guggenheimer war damals Redakteur bei den Frankfurter Heften und ein Förderer Jörg Fausers. Jörg Fauser hatte seinen Ersatzdienst eigenmächtig verlassen und war für kurze Zeit nach Istanbul abgehauen. Für diese Dienstflucht wurde er zu einer geringfügigen Geldstrafe verurteilt.
31.3.677	Zeitung für Deutschland = FAZ
11.4.67	Ali war der Kater der Familie Fauser. Frauenfunk = Redaktion im Hessischen Rundfunk.
Do. 1967	Es geht um die Disziplinarstrafe wegen seiner Dienstflucht.
3.5.67	Rolf Michaelis war damals Redakteur bei der FAZ.
So. 1967	Mit »mein roter Schwabe« ist ein Ersatzdienst-Kollege gemeint.
8.12.67	DW = Deutsche Welle

16.7.68	Orga = Schreibmaschine mit dem Namen Orga Privat
26.3.69	Jörg Fauser hat seinen Ersatzdienst vorzeitig abgebrochen. Für diese zweite Dienstflucht wurde er zu zwei Monaten Gefängnis auf Bewährung und 210 Mark Geldstrafe verurteilt.
26.1.70	Klaus Kuntze ist ein Rundfunkredakteur. Doris Schmidt ist Redakteurin bei der Süddeutschen Zeitung.
1.3.70	Bei dem Hanser-Lektor handelt es sich um Michael Krüger.
13.3.70	F.F. = Frauenfunk
7.4.70	Bei dem Buch handelt es sich um »Tophane«.
12.12.70	Kai Hermann war damals Chefredakteur bei »Twen«. Rüdiger Dilloo war damals Redakteur bei »Twen«.
16.7.71	Theos, Zoom und UFO werden ausführlich in Jörg Fausers Roman »Rohstoff« abgehandelt.
30.7.74	Dimitrius war der Spitzname von Broder Boyksen, eines Freundes von Jörg Fauser. Bei dem Menschen von der National Zeitung handelt es sich um den Redakteur Aurel Schmidt. Jörg Fauser recherchierte zum Thema Alkoholismus für den Frauenfunk u.a. bei den Anonymen Alkoholikern.
21.11.74	W.Sh. = William Shakespeare Dos. = Dostojewski
25.11.75	»Sonntagsbeilage« hieß eine Sendung beim Bayrischen Rundfunk. Anton Kenntemich war Redakteur beim Bayrischen Rundfunk. Bei dem Pop-Blatt handelt es sich um »Sounds«. Helmut Heißenbüttel war damals Redakteur beim Süddeutschen Rundfunk.
26.1.76	Arnfried Astel ist Redakteur beim Saarländischen Rundfunk.
5.2.76	»Pop-Sunday« hieß eine Sendung im Bayrischen Rundfunk. Werner Klippert war damals Hörspielredakteur beim Saarländischen Rundfunk.
27.2.76	Christoph Buggert ist Leiter der Hörspielabteilung beim Hessischen Rundfunk.
19.3.76	Bei dem Film-Menschen handelt es sich um Hans-Christof Stenzel.

11.5.76	Bei dem Film handelt es sich um »C'est la vie rrose« von H.-C. Stenzel.
17.6.76	Bei dem amerikanischen Poeten handelt es sich um Charles Plymell.
6.8.76	Der Berliner Kleinverlag heißt Verlag Eduard Jakobsohn.
17.8.76	»Der Job« von William S. Burroughs.
	Uli Kasten ist ein befreundeter Künstler aus München.
1.10.76	Es handelt sich um Jean Amery.
8.10.76	Der Verriß stand in der FAZ.
	Der Riese aus Meenz ist Helmut Kohl, damals Ministerpräsident von Rheinland-Pfalz.
9.11.76	Jürgen Manthey war damals Lektor bei Rowohlt.
19.1.77	Bei der Verlegerin handelt es sich um Monika Nüchtern, die Schwägerin von Anna und Jürgen Ploog.
	Der Übersetzer und Literaturagent Carl Weissner war langjähriger Vertrauter von Jörg Fauser und ist der Herausgeber der achtbändigen Fauser-Werkausgabe.
25.1.77	Bei dem Buch handelt es sich um die bibliophile Grafikmappe »Open-End«.
	Tom Lemke war ein guter Freund von Jörg Fauser.
17.5.77	Es handelt sich um die Übersetzung von Songs der Rolling Stones.
18.7.77	B. = Bakunin
	A. = Anarchismus
	Es handelt sich um Richard Wagner.
28.7.77	Jörg Fauser meint Hemingways Story »Ein sauberes, gutbeleuchtetes Café«.
23.11.77	»Rogner's Magazin« erschien in drei Nummern, die Nummer 4 wurde nicht mehr ausgeliefert.
5.7.78	Armin Abmeier ist ein Verlagsvertreter.
31.8.78	Thomas Landshoff war damals der Verlagsleiter von Rogner & Bernhard.
5.12.78	Der holländische Kleinverlag heißt giftzwerg-presse.
8.3.79	Jörg Fauser sollte für die Mitgliedschaft in der Autorenbuchhandlung 1000 Mark Beitrag zahlen.

7.11.79	»Rom, Blicke« von Rolf Dieter Brinkmann.
6.12.79	Jörg Fauser bezieht sich auf eine Kritik von Michael Buselmeier in »Die Zeit«. Letztlich entschied sich Jörg Fauser für das Pseudonym »Caliban«, in Anlehnung an eine Figur von Shakespeare.
19.1.81	Werner Mathes war damals Chefredakteur bei der Berliner Stadtzeitschrift »tip«.
25.5.82	Bei dem Entwicklungshelfer handelt es sich um Detlef Blettenberg.
2.12.83	Der Film heißt »Unter Feuer« (R. Roger Spottiswoode; USA 1982; mit Nick Nolte, Gene Hackman, Jean Louis Trintignant).
17.1.84	Jörg Fausers Lektorin bei Ullstein war Hanna Siehr.
13.2.86	Jörg Fauser recherchierte (unter Mithilfe Detlef Blettenbergs) für »lui« eine Reportage über Drogenhandel (»Die Geschichte des O«) im Goldenen Dreieck.
22.6.86	Zusammen mit Reinhard Hesse bildete Jörg Fauser die Redaktion von »TransAtlantik«.
17.11.86	Jörg Fauser begleitete als Reporter Achim Reichel auf dessen Tournee durch Indonesien.
11.1.87	Jörg Fauser hatte mit der Arbeit an einem Roman über das Tourneetheater angefangen.

Bio-Bibliographie

16.7.1944
Jörg Christian Fauser wird in Bad Schwalbach/Taunus geboren; Vater Arthur ist Maler, Mutter Maria Schauspielerin.

1951-55
Mitwirkung in Hörfunk- und Fernsehproduktionen des Hessischen Rundfunks.

1959-60
Erste journalistische Arbeiten für die Tageszeitung »Frankfurter Neue Presse«.

1963
Hält sich im Sommer in London auf und beginnt Rezensententätigkeit bei der Zeitschrift »Frankfurter Hefte«.

1964
Am 23. Juni wird er als Kriegsdienstverweigerer anerkannt.
Im Juli erneut in London; Kontakt mit britischen und spanischen Anarchisten; erste Gedichtveröffentlichung in »Frankfurter Hefte« (»An London«); erste Erfahrungen mit Heroin und synthetischen Opiaten.

1965
Besteht im März sein Abitur am Frankfurter Lessing-Gymnasium. Reist nach Spanien und England.
Immatrikuliert sich im Mai an der Frankfurter Johann Wolfgang von Goethe Universität in den Fächern Ethnologie und Anglistik.
Von August bis Oktober hält er sich bei einer englischen Freundin in Watford/Hertfordshire auf und arbeitet als Pfleger in einem Siechenheim in London.

1966
Im März und April reist er nach Griechenland und die Türkei.
Im August hält er sich in Dublin auf.
Am 1. Oktober bricht er sein Studium ab.
Am 5. Oktober tritt er seinen Ersatzdienst im Bethanien-Krankenhaus (Thorax-

Chirurgische Spezialklinik) in Heidelberg-Rohrbach an.
Wird drogenabhängig.

1967
Im Januar und Februar begeht er Dienstflucht und hält sich sechs Wochen in Istanbul auf.
Im Herbst flüchtet er erneut aus dem Ersatzdienst, setzt sich nach Istanbul ab und lebt im Junkie-Viertel Tophane.

1968
Kehrt im Herbst nach Frankfurt zurück und übersiedelt anschließend nach Berlin; lebt in der »Linkeck«-Kommune.

1969
Beginnt im April mit der Arbeit an seiner ersten Einzelpublikation, »Tophane«.

1970
Beendet im Februar die Arbeit an »Tophane«.
Hält sich im Oktober und November erneut in Istanbul und Izmir auf.
Recherchiert im Dezember in Hamburg und Berlin für eine Reportage über das Drogenproblem, die unter dem Titel »Junk - Die harten Drogen« im März 1971 in der Zeitschrift »twen« erscheint.

1971
Wird im Mai verantwortlicher Redakteur der Frankfurter Underground-Zeitung »Zoom«
Gibt von Juni bis Oktober mit Jürgen Ploog, Carl Weissner und Udo Breger die Underground-Zeitung »UFO« heraus.
Im Göttinger Verlag Udo Breger erscheint »Aqualunge«.

1972
Kommt von den harten Drogen los.
Im August erscheint im Maro Verlag »Tophane«.

1973
Gründet im April mit Jürgen Ploog und Carl Weissner die avantgardistische

Literaturzeitschrift »Gasolin 23«.
Im September erscheint im Maro Verlag der Gedichtband »Die Harry Gelb Story«.

1974
Wird im Mai freier Mitarbeiter der »Basler National-Zeitung« (ab 1977: »Basler Zeitung«), für die er bis Ende 1979 Reisefeuilletons, Essays und Rezensionen schreibt.
Zieht im Herbst nach München.
Im Dezember sendet der WDR sein erstes Hörspiel, »Café Nirwana«.

1975
Organisiert Ausstellungen für die Münchner Galerie Kröker.
Hält sich im Juli in Marokko auf.

1976
Ist im Mai und Juni zu Dreharbeiten für den Film »C'est la vie rrose« von Hans-Christof Stenzel in den USA; Besuch bei Charles Bukowski in Los Angeles.
Tritt in den Schriftstellerverband (VS) ein.

1977
Übersetzt im Januar und Februar für den Münchner Verlag Monika Nüchtern die James-Dean-Biographie von John Howlett.
Ist im Juli auf Mallorca und schreibt dort an einem Drehbuch zu einem Film über Bakunin; Mitarbeit bei »Rogner's Magazin«.
Reist im September nach Los Angeles und macht für den »Playboy« ein Interview mit Charles Bukowski.
Fängt im Dezember mit der Übersetzung von »Daybreak« an, der Autobiographie von Joan Baez.
In der Münchner King Kong Press erscheint die bibliophile Grafik-Blatt-Sammlung »Open End«.

1978
Schreibt an einer Marlon-Brando-Biographie für den Verlag Monika Nüchtern.
Beginnt im August mit der Arbeit an einem Drehbuch über Glücksspiel für den Regisseur Florian Furtwängler.

Im Herbst erscheint im Berliner Verlag Eduard Jakobsohn die Essaysammlung »Der Strand der Städte«.
Im Verlag Monika Nüchtern erscheint »Marlon Brando. Der versilberte Rebell«.

1979
Im März erscheint im Münchner Verlag Rogner & Bernhard der Gedichtband »Trotzki, Goethe und das Glück«.
Schreibt erste Songtexte für den Rocksänger Achim Reichel und erste Beiträge für das Berliner Stadtmagazin »tip«.
Im September erscheint bei Rogner & Bernhard die Erzählung »Alles wird gut«.
Im Oktober beginnt er mit der Arbeit an dem Roman »Der Schneemann« und veröffentlicht erste Beiträge in der Zeitschrift »lui«.
Im Basler Verlag Nachtmaschine erscheint die Story-Sammlung »Requiem für einen Goldfisch«.

1980
Unter dem Pseudonym »Caliban« schreibt er ab Januar Kolumnen für das »tip«-Magazin.
Im März hält er sich in Amsterdam und Ostende auf und recherchiert für »Der Schneemann«.

1981
Zieht nach Berlin um und wird Redakteur und Kolumnist beim »tip«-Magazin.
Im März erscheint bei Rogner & Bernhard »Der Schneemann«.
Tritt aus dem Schriftstellerverband aus.

1982
Begleitet im Frühjahr Achim Reichel und Band auf einer Tournee durch die Bundesrepublik und schreibt darüber eine Reportage für die Zeitschrift »TransAtlantik«.
Reist im Juli nach Paros/Griechenland und beginnt mit der Arbeit an seinem Roman »Rohstoff«.
Bei Rogner & Bernhard erscheint »Mann und Maus«, gesammelte Erzählungen aus sieben Jahren.

1983
Beginnt im Januar mit der Kolumne »Wie es euch gefällt« im »tip«-Magazin.

1984
Im Ullstein Verlag erscheinen die Essays-Sammlung »Blues für Blondinen« und der Roman »Rohstoff«.
Im März und April ist er auf Lesereise.
Sein Roman »Der Schneemann« wird mit Marius Müller-Westernhagen in der Hauptrolle verfilmt.

1985
Im Mai hält er sich auf Elba auf und schreibt dort mit Dagobert Lindlau zusammen an einem Drehbuch zum Thema organisiertes Verbrechen für den Produzenten Thomas Schühly.
Am 9. Juli heiratet er in Hannover Gabriele Oßwald, mit der er nach München zieht.
Im Herbst »Für sowas stirbt man nicht« (mit Peter Bradatsch): Drehbuch für den Pilotfilm einer geplanten Vorabend-Krimiserie im 3. Fernsehprogramm des Bayrischen Rundfunks.
Bei Ullstein erscheint sein Roman »Das Schlangenmaul«.
Tritt in die Redaktion der Zeitschrift »TransAtlantik« ein.

1986
Reist im Februar nach Thailand, wo er für die Zeitschrift »lui« über Drogenhandel im Goldenen Dreieck recherchiert.
Nimmt im März zusammen mit Ted Allbeury, Richard Meier, Jürgen Roland und Sebastian Cobler an einer Fernsehdiskussion des Hessischen Rundfunks über Spionage teil.
Von Mai bis Oktober erscheint in der Zeitschrift »Wiener« sein Krimi »Kant« als Fortsetzungsroman.
Im November geht er mit Achim Reichel und Band auf Tournee durch Indonesien und schreibt für den »stern« darüber eine Reportage.

1987
Beginnt mit der Arbeit an einem Roman über deutsches Tourneetheater, der im Verlag Hoffmann & Campe erscheinen soll.
Im Münchner Heyne Verlag erscheint »Kant«.
Am 17. Juli stirbt Jörg Fauser in München.

Personenregister

Abmeier, Armin *111, 156*
Achternbusch, Herbert *85*
Adenauer, Konrad *14, 96*
Ali, Muhammed *121*
Allbeury, Ted *162*
Amery, Carl *110*
Amery, Jean *87, 156*
Annunzio, Gabriele d' *98*
Antonioni, Michelangelo *40, 41*
Arrabal, Fernando *52, 119*
Artmann, H.C. *108*
Astel, Arnfried *77, 78, 79, 90, 101, 155*
Augustus, Gajus Julius Cäsar Octavianus *22*

Bach, Johann Sebastian *34*
Bächler, Wolfgang *97*
Baez, Joan *160*
Bakunin, Michael Alexander *100, 101, 102, 103, 106, 108, 115, 156, 160*
Balzac, Honoré de *110, 111*
Barzel, Rainer *94, 151*
Bastian, Gert *140*
Beckenbauer, Franz *77, 99*
Beethoven, Ludwig van *72*
Bender, Hans *106*
Benn, Gottfried *116, 118, 119, 124*
Bernhard, Thomas *115, 123, 138*
Bienek, Horst *57, 58, 64*
Biermann, Wolf *91*
Bismarck, Otto Fürst von *14*
Blettenberg, Detlef *157*
Blücher, Gebhard Leberecht *122*
Böll, Heinrich *39, 40, 122*
Bogart, Humphrey *52*
Bohrer, Karl Heinz *138*
Born, Nicolas *95, 99*
Boyksen, Broder *70, 71, 97, 155*
Bradatsch, Peter *162*
Brando, Marlon *12, 105, 106, 111, 160, 161*

Brandt, Willy *89, 141*
Brasch, Thomas *133*
Brecht, Berthold *14, 30*
Breger, Udo *159*
Brinkmann, Rolf Dieter *125, 126, 127, 157*
Brunner, Frank *95, 98, 102, 105*
Brutus *12*
Buddah *147*
Buggert, Christoph *80, 101, 155*
Bukowski, Charles *82, 83, 100, 105, 160*
Burroughs, William Seward *51, 52, 53, 59, 69, 73, 156*
Buselmeier, Michael *126, 157*
Byron, Lord George Noel Gordon *116*

Caesar, Julius *12, 14, 16*
Camus, Albert *72*
Caracalla *12*
Carter, Jimmy *89, 90, 96, 128*
Cassady, Neal *83*
Catilina *14*
Céline, Louis Ferdinand *46*
Cervantes *33*
Chandler, Raymond *52, 90, 139*
Chatwin, Bruce *137, 138*
Chirac, Jacques *108*
Christie, Agatha *77, 78*
Cicero *14*
Cobler, Sebastian *162*
Cohn-Bendit, Daniel *111*
Conrad, Joseph *124, 127, 129*
Cotten, Joseph *154*

Dean, James *94, 98, 100, 105, 160*
Dickens, Charles *93*
Dietrich, Marlene *14, 15*
Dilloo, Rüdiger *67, 86, 92, 155*
Disraeli, Benjamin *127*

Döring, Wolfgang 13
Donner, Wolf 130
Dostojewskij, Fjodor M. 71, 122, 150, 155
Duchamp, Marcel 81, 106
Dürr, Heinz 138
Durrell, Lawrence 151

Eich, Günter 115
Eisendle, Helmut 108
Eisenhower, Dwight D. 14
Engelmann, Bernt 140
Eppler, Erhart 141
Erhard, Ludwig 14
Erler, Fritz 12

Fallada, Hans 130
Faulkner, William 36, 37, 39, 49, 51, 52, 72, 76, 96, 119, 145
Feuchtwanger, Lion 85
Flaubert, Gustave 32, 36, 110, 111
Ford, Gerald 89
Foucault, Michel 112
Franz Joseph I 93
Freisler, Roland 122
Frick, Hans 115, 116
Fried, Erich 31
Furtwängler, Florian 113, 114, 160

Garcia Márquez, Gabriel 149
Gauguin, Paul 109
Ginsberg, Allen 87, 88
Goebbels, Josef 12
Goethe, Johann Wolfgang 72, 143
Gogh, Vincent van 118, 134, 145
Grabbe, Christian Dietrich 121
Gracchus, Tiberius & Gajus Sempronius 14
Grass, Günter 30, 31 39, 42, 117, 149
Greene, Graham 128, 129, 154
Gruhl, Herbert 85, 87

Guggenheimer, Walter Maria 29, 30, 154

Hackman, Gene 157
Härtling, Peter 31
Hage, Volker 126
Hammett, Dashiell 88
Hamsun, Knut 79, 80, 119, 122
Handke, Peter 76, 80
Hannibal 11
Harpprecht, Klaus 39
Hartung, Harald 126
Hebel, Johann Peter 13
Heidenreich, Gert 93
Heine, Heinrich 152
Heißenbüttel, Helmut 77, 80, 81, 92
Hemingway, Ernest 72, 80, 83, 104, 127, 155, 156
Herburger, Günter 99
Hermann, Kai 67, 155
Hesse, Reinhard 157
Heuss, Theodor 35
Hildesheimer, Wolfgang 31
Higgins, Aldous 49, 50, 51
Hitler, Adolf 79
Hoffmann, Hilmar 98
Howard, Trevor 154
Howlett, John 160
Huch, Ricarda 101, 102
Hübsch, Hadayatullah 122
Hufnagel, Karl Günther 85, 86, 101, 124

Jaeger, Richard 13
Jakobsohn, Eduard 156, 161
Jannings, Emil 102
Jarry, Alfred 76
Jelusich, Mirko 11
Jünger, Ernst 138
Jürgens, Curd 34

Kafka, Franz 72

Kasten, Ulrich *85, 91, 95, 97, 100, 156*
Keel, Daniel *142*
Kenntemich, Anton *76, 155*
Kerouac, Jack *77, 78, 83*
Kerr, Alfred *131*
Kessler, Harry Graf *35*
Kiesinger, Georg *13, 151*
Kipphof, Petra *30*
Kirn (sen.), Richard *13, 17*
Kirn (jun.), Thomas *13*
Kisch, Egon-Erwin *127*
Klett, Michael *89, 90, 98, 102*
Klippert, Werner *78, 85, 96, 97, 155*
Klocke, Nikolaus *68*
Kofler, Werner *78, 100*
Kohl Helmut *89, 141, 156*
Krliza, Miroslav *93*
Krüger, Michael *87, 109, 155*
Kuntze, Klaus *53, 155*

Landshoff, Thomas *113, 125, 156*
Lasker-Schüler, Else *29, 36*
Laughton, Charles *14, 15*
Lawrence, D.H. *51*
Lemke, Tom *95, 129, 156*
Leonhard, R. W. *92*
Lindlau, Dagobert *162*
Livius, Titus *14*
Lohmeier, Georg *81*
Lowry, Malcolm *113, 118*

Maier, Reinhold *12*
Mann, Thomas *79*
Manthey, Jürgen *90, 92, 95, 97, 98, 102, 105, 156*
Mao Tse-tung *59*
Marc Anton *12*
Marchais, Georges *108*
Mathes, Werner *130, 135, 143, 157*
Maugham, W. Somerset *79, 129*
Meier, Richard *162*

Mende, Erich *35*
Metternich, Klemens Fürst von *14*
Michaelis, Rolf *33, 34, 154*
Miller, Henry *49*
Molsner, Michael *113*
Mommsen, Theodor *14*
Montherlant, Henry de *76*
Müller-Westernhagen, Marius *162*

Napoleon *14, 122, 150*
Nietzsche, Friedrich *116*
Nin, Anais *83*
Nolte, Nick *157*
Nüchtern, Monika *105, 156, 160, 161*

Ohnesorg, Benno *45*
Ollenhauer, Erich *14, 151*
Orwell, George *133*
Oßwald, Gabriele *162*

Pascal, Blaise *13*
Paul, Jean *76*
Pelieu, Claude *68*
Picasso, Pablo *72, 118, 145*
Ploog, Anna *94, 156*
Ploog, Jürgen *81, 156, 159*
Plutarch *14*
Plymell, Charles *106, 156*
Poe, Edgar Allan *59*
Prometheus *62*

Qualtinger, Helmut *102*

Raddatz, Fritz *95, 96*
Reed, Carol *154*
Reichel, Achim *133, 135, 148, 157, 161, 162*
Reichmann, Wolfgang *102*

Reinecke, Lutz *111*
Rilke, Rainer Maria *31*
Rogner, Klaus Peter *107, 112*
Roland, Jürgen *162*
Rommel, Erwin *114*
Roth, Joseph *70, 71, 76, 77, 79, 80, 81, 91, 93, 94, 95, 96, 110, 113, 118, 122, 127, 150*

Salinger, Jerome *30*
Schah von Persien *38*
Sciascia, Leonardo *133*
Schiller, Friedrich *13*
Schleef, Einar *133*
Schmid, Carlo *13*
Schmidt, Aurel *70, 75, 86, 92, 93, 101, 123, 124, 155*
Schmidt, Doris *54, 155*
Schmidt, Helmut *13, 93, 105, 141, 151*
Schühly, Thomas *162*
Semprun, Jorge *149*
Shakespeare, William *71, 155*
Siehr, Hanna *157*
Soik, Helmut Maria *105, 125*
Solschenizyn, Alexander *83*
Sperber, Manes *140, 141*
Spitzweg, Carl *123, 132*
Spottiswoode, Roger *157*
Springer, Axel *132*
Stalin, Josef *79*
Stampfer, Friedrich *17*
Stauffenberg, Claus *122*
Stendhal *121, 122*
Stenzel, Hans-Christof *86, 87, 88, 89, 94, 100, 101, 102, 104, 106, 156, 160*
Strauß, Franz Josef *13, 89, 91, 96, 127, 128*
Stresemann, Gustav *35*
Struck, Karin *137*
Swift, Jonathan *59*
Szesny, Gerhard *30*

Thomas, Dylan *30, 36*
Trintignant, Jean Louis *157*
Twain, Mark *127*

Valéry, Paul *30*
Valli, Alida *154*
Vargas Llosa, Mario *149*
Vogel, Hansjoachim *132*
Voigt, Karsten *90*

Wagenbach, Klaus *100*
Wagner, Richard *103, 156*
Wallmann, Walter *98*
Weiss, Peter *32, 42*
Weiß, Ferdl *123*
Weissner, Carl *68, 81, 83, 90, 94, 101, 106, 125, 129, 156, 159*
Weizsäcker, Richard von *132*
Welles, Orson *154*
Wessel, Helene *13*
Wicki, Bernhard *100*
Wilde, Oscar *21*
Wilder, Thornton *15*
Wollschläger, Hans *87*
Wondratschek, Wolf *121*

Zeus *62*
Zweig, Stefan *110*

bitter lemon

JÜRGEN PLOOG: Groschennavigation
HANS HERBST: Ein Sohn Ogums
DANIEL DUBBE: Schmerzgrenze, Schmucknarbe
HADAYATULLAH HÜBSCH: Die Katdolen-Tonbänder
HORST KNAPPE: Singapore Connection
MIKE PICKERT: Chloroform
ECKART RANKE: Frenchies Leiche
THOMAS HETTCHE: Ludwigs Tod
PETER KARABANOV: Flugwetter
CHRISTOPH DERSCHAU: Bei den Schakalen
HELMUT SALZINGER: Pschschh... Sechs Versuche, in den Ofen zu pinkeln
PAULUS BÖHMER: Mein erster Tod
RALF-RAINER RYGULLA: Die Qual der Belgier
JAMAL TUSCHICK: Die Begeisterung der Körper
WOLFGANG RÜGER: Brinkmann: Der Dichter im elektrischen Versuchslabyrinth der Städte *
RUDOLF PROSKE: Unverschämt
MARIA VOLK: Praxis I
JÜRGEN PLOOG: Facts of Fiction *
ECKART RANKE: Zungenkuß mit Krüppel
WOLF WONDRATSCHEK: Oktober der Schweine
IRIS JUNKER: Männer im Abseits

Bitter Lemon kann man auch abonnieren. 4 Hefte kosten 60 Mark. Pro Jahr erscheinen in der Regel vier Bitter-Lemon-Hefte. Jede Publikation hat zwischen 30 und 60 Seiten Umfang, ist (fast) immer mit einem Originalfoto ausgestattet und wird nur in limitierter (meist handsignierter) Auflage herausgegeben. Die Auflage der mit einem * gekennzeichneten Essaybände ist unlimitiert und nicht signiert.

PARIA VERLAG, Dreieichstraße 50, 60594 Frankfurt/Main.

LITERATUR DES 20. JAHRHUNDERTS

Signierte Erstausgaben von Herbert Achternbusch, Kathy Acker, Ilse Aichinger, Tschingis Aitmatow, Nelson Algren, Jean Baudrillard, Paul Bowles, T. Coraghessan Boyle, Joseph Brodsky, Charles Bukowski, William S. Burroughs, Bruce Chatwin, Robert Creeley, Irene Dische, Hilde Domin, Allen Ginsberg, Nadine Gordimer, Günter Grass, Patricia Highsmith, Tahar Ben Jelloun, Ernst Jünger, Jürg Laederach, Elmore Leonard, Mohammed Mrabet, Henry Miller, Paul Nizon, Cees Nooteboom, Amos Oz, Sara Paretsky, Octavio Paz, Marcel Reich-Ranicki, Hans Sahl, Andrzej Szczypiorski, Mario Vargas Llosa, Martin Walser, Charles Willeford, Ror Wolf, Wolf Wondratschek, Frank Zappa u.v.a.

Widmungsexemplare von Laurie Anderson, John Berger, Richard Brautigan, Don DeLillo, James Ellroy, Raymond Federman, Carlos Fuentes, Bodo Kirchhoff, Michael Krüger, Hans Mayer, Oskar Pastior, Jürgen Ploog, Alain Robbe-Grillet, Peter Rosei, Peter Rühmkorf, Gaston Salvatore, Mickey Spillane, Siegfried Unseld, Anne Waldman u.v.a.

Erstausgaben von Fernando Arrabal, Ingeborg Bachmann, Djuna Barnes, Konrad Bayer, Mary Beach, Walter Benjamin, Ernst Bloch, Rolf Dieter Brinkmann, Thomas Bernhard, Heinrich Böll, Truman Capote, Raymond Chandler, Lawrence Durrell, Günter Eich, Hans Magnus Enzensberger, Jörg Fauser, Lawrence Ferlinghetti, Max Frisch, Peter Handke, Ernest Hemingway, Chester Himes, Ernst Jandl, Jack Kerouac, Pierre Klossowski, Wolfgang Koeppen, Jack London, Michael McClure, Jim Morrison, Hubert Selby, Edith Sitwell, Patti Smith, Gertrude Stein, Kiev Stingl, Tennessee Williams u.v.a.

Kostenlose Kataloge und Listen bei:
Versandantiquariat INTERZONE, Dreieichstraße 50, 60594 Frankfurt/Main

An einem

gewissen Punkt angelangt,

gibt es kein Zurück mehr.

Das ist der Punkt,

der erreicht

werden

muß

•

BITTE KATALOG ANFORDERN
POCIAO'S BOOKS
P.O.B. 190 136
D 5300 BONN 1

Paul Bowles
BLACK STAR AT THE POINT OF DARKNESS
(Sub Rosa) CD, DM 35,-

Paul Bowles
THE EYE WANTS TO SLEEP
(Over the Edge) tape, 2 volumes, DM 38,-

Allen Ginsberg
THE LION FOR REAL
(Island) CD, DM 35,-

Allen Ginsberg/ Mondriaan String Quartet
SEPTEMBER ON JESSORE STREET
(Soyo) CD, DM 35,-

William S. Burroughs
DEAD CITY RADIO
(Island) CD, DM 35,-

Mohammed Mrabet
THE STORYTELLER & THE FISHERMAN
(Translated by Paul Bowles)
(Sub Rosa) CD, DM 35,-

Richard Hell
ACROSS THE YEARS
(Soyo) CD, DM 79,80
Limited edition w/booklet

Anne Waldmann
WALDMAN LIFE
(Soyo) CD, DM 79,80
Limited edition w/booklet

Lydia Lunch
„P. O. W."
(Soyo) CD, DM 79,80
Limited edition w/booklet

PUBLIC DREAMING THE BEST OF RADIO X
(Radio X) tape, DM 23,-

Prepayment only –
please add DM 3,- for postage

POCIAO'S BOOKS
P.O.B. 190136
D 5300 BONN 1